Dieses Buch
gehört:

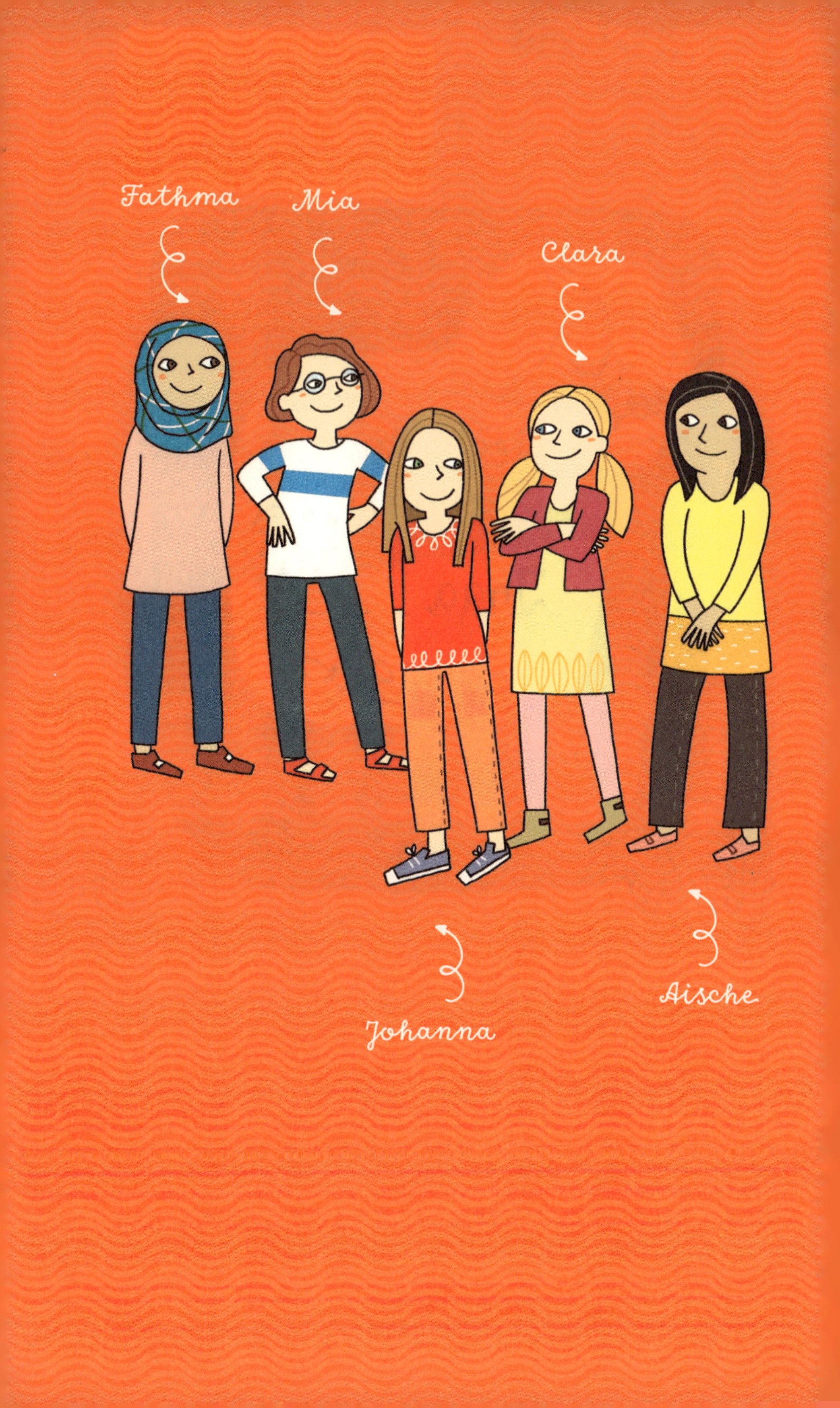

Fathma

Mia

Clara

Johanna

Aische

Felix

Benjamin

Abdul

Leon

Luca

Jörn-Peter Hauf, Uta Hauf,
Emma Hauf, Frido Hauf

ACH, DU LIEBER

HIMMEL

Eine abenteuerliche
Geschichte
zur Erstkommunion

Mit Illustrationen von Mascha Greune

Patmos Verlag

INHALT

EIN WOLLKNÄUEL

Clara kann es kaum erwarten, den Wollknäuel in der Hand zu halten. „Zuerst haben wir in der Kirche Fotos gemacht und dann haben wir gegessen und dann habe ich die Geschenke ausgepackt", erzählt sie. „Von Oma hab ich ein rotes Fahrrad bekommen, von meinem Onkel eine Uhr, von meinem Bruder ein selbst gemaltes Bild, von Oma und Opa ganz viel Geld fürs Sparbuch …"

„Ich dachte ein Fahrrad?"

„Nein, von der anderen Oma. Mein Opa ist doch letztes Jahr gestorben", erklärt Clara, konzentriert sich wieder und zählt weiter auf. „Von meinem Vater aus Amerika eine goldene Hochzeitspferdekutsche, aber keine echte, und von Papi ein Einrad, von Tante Gerti eine Kinderbibel, von …"

„Kapier ich nicht – wieso hast du zwei Väter? Ich hab nicht mal mehr einen!", unterbricht Felix zum zweiten Mal.

„Mein echter Vater ist nach Amerika gegangen, als ich noch ganz klein war. Aber er schreibt mir jedes Jahr zum Geburtstag und zu Weihnachten und schickt mir immer ganz viele schöne Geschenke. Letztes Jahr hat er geschrieben, dass ich ihn auch mal in Amerika besuchen darf, wenn ich größer bin und meine Mama das erlaubt. Mein anderer Vater ist der Mann von meiner Mama. Er wohnt bei uns, seit ich in der ersten Klasse bin. Ich mag ihn total gern, obwohl er ganz viel arbeitet und darum oft wenig Zeit hat. Ich sage Papi zu ihm, damit ich die beiden nicht verwechsle. Kapiert?"

Felix nickt.

„Ist doch cool. Wenn man zwei Väter hat, hat man drei Omas und drei Opas, die einem was schenken. Oder vier, wenn man dazu auch noch zwei Mütter hat", meint Leon, der ziemlich gut rechnen kann.

„Hast du etwa auch zwei Mütter?", fragt
Felix verwirrt.
Die meisten Kinder in der Klasse lachen
sich beinahe kringelig, auch wenn Felix
das gar nicht witzig gemeint hat.
„Ihr seid alle so doof", schluchzt Clara
und plötzlich kullern ihr kleine Tränen aus
den Augen. Sie weiß selbst nicht, warum.
Vielleicht vor Wut über die blöden Sprüche und das
Gelächter ihrer Klassenkameraden. Oder vor Traurigkeit,
dass ihr in den Himmel verstorbener Opa und ihr nach
Amerika ausgezogener Vater so ewig weit weg sind. Sie
waren deshalb auch am Weißen Sonntag nicht bei ihrer
Erstkommunionfeier.

Jedenfalls mag Clara jetzt nicht mehr weitererzählen. Mit
einer schnellen Bewegung wischt sie sich mit dem
Handrücken ihre Tränen von der Wange, lässt den
Wollfaden auf den Boden fallen und kickt wütend den
Knäuel zu ihrer Sitznachbarin Johanna weiter. Die nimmt
den Faden auf, weiß aber eigentlich gerade gar nichts Neues
zu erzählen. Sie hat ja vorhin schon alle ihre Kommuniongeschenke aufgezählt. Außerdem will sie jetzt ihre beste
Freundin Clara trösten, nachdem alle so gemein zu ihr
waren. Also wirft sie den Wollknäuel rasch zu ihrer zweit-
besten Freundin Aische.

Aische ist Muslimin, ihre Eltern kommen aus der Türkei. In
der Türkei sind fast alle Menschen Muslime. Muslime
glauben auch an Gott, der bei ihnen aber Allah heißt. Und
wie die Christen die Bibel haben, haben auch sie ein heiliges
Buch. Darin steht alles, was für das alltägliche Leben und
den Glauben der Muslime wichtig ist. Zum Beispiel, wie oft
man beten soll. Und dass man kein Schweinefleisch essen
und keinen Alkohol trinken darf. Aisches Eltern lesen jeden
Tag in diesem Buch, das Koran heißt. Wenn Aische älter ist,

will sie es auch lesen. Dazu muss sie aber erst noch eine andere Sprache lernen. Der Koran ist nämlich auf Arabisch geschrieben und arabische Buchstaben sind schön anzuschauen, aber schwer zu lesen. Trotzdem wollen die meisten Muslime den Koran in seiner ursprünglichen Sprache und nicht in irgendeiner Übersetzung lesen können.

Obwohl Aische Muslimin ist, kommt sie montags immer zum katholischen Religionsunterricht in der ersten Stunde. Ihre Eltern müssen beide frühmorgens arbeiten und sie hat keine Lust, alleine im Schüleraufenthaltsraum zu warten, bis der Religionsunterricht vorbei ist und die zweite Stunde beginnt.

Aische fängt den Wollknäuel, den Johanna ihr zugeworfen hat, auf. Sie schaut zunächst ein wenig verlegen, dann erklärt sie vor Aufregung schnell, aber mit fester Stimme: „Ich habe am Sonntag keine Geschenke bekommen, weil ich keine Erstkommunion hatte, weil ich ja Muslimin bin und weil wir Muslime nicht glauben, dass Jesus in einem Brot wohnt. So. Wer kommt jetzt dran mit Geschenkeaufzählen?"
Ein Junge ihr gegenüber zappelt schon vor lauter Aufregung hin und her und streckt ganz eifrig den Arm in die Höhe: „Ich bin dran! Ich bin dran!"
Kurz bevor Aische ihm den Wollknäuel zuwirft, hält sie kurz inne und wendet sich mit ernstem Blick an ihren Nebensitzer: „Darf ich trotzdem den Wollnetzfaden bei mir halten, auch wenn ich nicht so wie ihr an Jesus glaube, Herr Burger?"
Herr Burger ist der neue Religionslehrer in der schwierigen 3b an der Gemeinschaftsschule Süd in Mittelstadt. Er hatte sich eigentlich darauf gefreut, was die Kinder ihm heute von ihrer Erstkommunion am letzten Sonntag berichten.

Um zu zeigen, dass Kommunion Gemeinschaft bedeutet, hatte er die Idee mit dem Wollknäuel. Wenn man es sich gegenseitig kreuz und quer zuwirft, entsteht nach und nach ein dichtes Netz, durch das alle miteinander verbunden sind. Aber mittlerweile ist er auch ein wenig genervt. Anstatt dass die Kinder etwas über den schönen Gottesdienst und die Berührung mit Jesus im heiligen Brot erzählen, geht es schon seit einer ganzen Weile nur um ellenlange Geschenke-Listen und kleine Gemeinheiten. Von Jesus keine Spur. Gerade als er Aische antworten will, klopft es plötzlich dreimal kurz und laut an der Tür.

Noch bevor jemand „Herein!" sagen kann, öffnet sie sich. Ein heller Lichtstrahl vom Gang her wirft zwei kleine und einen größeren Schatten in den Raum.

„Magic", entfährt es Johanna. Sie hat das Wort von ihrem großen coolen Bruder abgeguckt.

„Gute Idee!", flüstert Leon, der so gut rechnen kann, zu Luca, der gar nicht gut rechnen kann und auch deshalb immer neben Leon sitzt. Das war schon immer so, schon seit der ersten Klasse. Eigentlich waren die beiden sogar als Kindergartenkinder im Sandkasten und vielleicht sogar schon als Babys immer zusammen. Leon und Luca wohnen auch in derselben Straße. Heimlich packen sie ihre Magischen Monsterkarten aus den Schulranzen. Sie spielen und tauschen nämlich immer und überall Magische Monsterkarten. Manchmal sogar während des Unterrichts, obwohl sie das natürlich nicht dürfen. Aber jetzt ist ja gerade kein richtiger Unterricht, finden sie, weil sie mit Herrn Burger im Kreis sitzen müssen und weil soeben die Türe aufgegangen ist.

Die drei Schatten gehören zwei Kindern und der Schulleiterin Frau Frostig. Der Name steht ihr gut, weil sie oft so streng und eisig guckt, dass man schon mal eine Gänsehaut kriegen kann. Frau Frostig schiebt die zwei Kinder durch die Türe, ein Mädchen mit einem hübschen Kopftuch und einen Jungen mit blinkenden Turnschuhen.

„Entschuldigen Sie bitte die Störung, Herr Burger. Guten Morgen, Klasse 3 b."

„Guten Morgen, Frau Frostig", rufen die Kinder im Chor. Das haben sie oft geübt. Leon und Luca verstecken blitzschnell die Magischen Monsterkarten hinter dem Rücken.

„Das sind Fathma und ihr Cousin Abdul. Sie kommen aus Bayern und sind mit Fathmas Eltern aus ihrer Heimat in unsere Stadt geflüchtet. Ab heute sind sie in eurer Klasse. Alles Weitere besprecht ihr nachher mit eurer Klassenlehrerin." Die Kinder wundern sich, dass man jetzt auch schon aus Bayern flüchten muss, trauen sich aber nicht nachzufragen und lächeln den Neuankömmlingen neugierig-freundlich zu. Die beiden lächeln schüchtern- freundlich zurück.

Herr Burger hat schon drei weitere Stühle in den Kreis gerückt. Doch Frau Frostig winkt dankend ab. Sie hat immer ganz viel zu tun. „Einen guten Start wünsche ich euch. Danke, Herr Burger, dass Sie sich so spontan um die beiden kümmern. Auf Wiedersehen, Klasse 3 b."

„Auf Wiedersehen, Frau Frostig", antworten die Kinder zusammen mit dem überraschten Herrn Burger wie eingeübt im Chor. Frau Frostig nickt kurz und geht zur Tür.

Bevor sie hinausgeht, schaut sie sich noch einmal kurz um –
da ist er ja, der eisige Blick. Wie schon oft, trifft er Leon und
Luca. Die beiden ahnen, warum, und bekommen eine
leichte Gänsehaut. Wortlos verlässt Frostig das Klassenzimmer und schließt die Tür hinter sich.
„Na dann: Welkamm, Fathma änd Abdul. Ähh. Mai näim is
Herr Börger, ei äm se tietscher for rilidschos ädjukäischon in
sis Klass."
Fathma zupft an ihrem hübschen Kopftuch und schaut erst
etwas hilflos zu Boden und dann zu ihrem älteren Cousin
Abdul. Abdul nimmt seinen Mut zusammen und fragt sehr
höflich in den Stuhlkreis: „Entschuldigung. Wir sind nicht
von hier. Wir verstehen den Mann leider nicht. Sprecht ihr
deutsch?"
Da müssen alle lachen, Herr Burger auch. Nachdem sich alle
beruhigt haben, greift Herr Burger den verlorenen
Wollfaden wieder auf und schlägt vor, dass sich alle Kinder
mit ihren Namen vorstellen und kurz erzählen, was sie
besonders gerne machen.
Der zappelige Junge, der sich die ganze Zeit meldet, will
anfangen: „Ich bin dran! Ich bin dran!" Vor Aufregung
vergisst er aber, seinen Namen zu nennen und zu sagen,
was er gerne macht. Stattdessen lässt er es sich nicht
nehmen, jetzt endlich von seinen Erstkommunion-
geschenken zu erzählen.
Abdul und Fathma schauen ihn staunend an. „Was ist Erste
Kommunion? Ich kenne das Wort nicht."
Alle überlegen. Aische antwortet: „Bei der Erstkommunion
kriegen alle Christen Geschenke, weil sie zum ersten Mal
das Brot essen dürfen, in dem der Prophet Isa wohnt."
„Nicht alle Christen. Nur die katholischen Kinder!", wirft
ein Mädchen ein, dessen beste Freundin in den evangelischen Religionsunterricht geht.
Fathma und Abdul schauen sich fragend an. Die anderen
schauen fragend auf Herrn Burger, der erst mal klarstellt:
„Isa ist das arabische Wort für Jesus. Abdul und Fathma

sind Muslime, so wie Aische. Muslime verehren Jesus als einen wichtigen Propheten, richtig?"
Abdul und Fathma nicken eifrig: „Ja, aber bei uns gibt es nicht Erstkommunion."

Da meldet sich Johanna. Johanna ist die Reli-Queen der Klasse und weiß ganz viel über Religion, weil ihre Mutter in der Kirchengemeinde arbeitet. „Jesus hat bei seinem letzten Abendessen vor seinem Tod mit seinen Freunden Wein getrunken und Brot gebrochen und es mit den anderen geteilt", versucht sie eine Erklärung. „Wir Christen glauben, dass Jesus auferstanden ist und bei uns ist. Das feiern wir gemeinsam im Gottesdienst: Ein Priester spricht die gleichen Worte wie Jesus und bricht dabei das Brot. Dann essen wir es gemeinsam. Das nennen wir Kommunion. Und bei der Erstkommunion dürfen wir Kinder das zum ersten Mal mitfeiern. Versteht ihr?"
Fathma und Abdul schütteln den Kopf.
„Macht nichts, ich hab's auch noch nicht ganz verstanden", gibt Clara kleinlaut zu.
„Dann musst du aber deine Kommuniongeschenke wieder zurückgeben", findet Felix, „vor allem die goldene Hochzeitspferdekutsche."
Und schon wieder kullern Clara ein paar Tränen aus den Augen.
„Du spinnst ja wohl, du glaubst doch selbst überhaupt nicht richtig an Gott, hast du letzte Woche gesagt!", verteidigt Johanna ihre Freundin.
Andere Kinder finden, Felix hat recht. Plötzlich reden alle ganz wild durcheinander.
Fathma und Abdul bekommen Angst bei dem wütenden Geschrei. Sie möchten jetzt lieber ganz schnell weg von hier.

„Schluss damit!", beendet Herr Burger das Gezeter. „Man muss bei seiner ersten Kommunion zwar einiges wissen, aber noch nicht alles ganz genau verstanden haben. Die Kommunion ist ein großes Geheimnis unseres Glaubens."

„Magic?", flüstert Leon zu Luca, aber Herr Burger hat das gehört und nimmt ihm die Magischen Monsterkarten aus der Hand.
„Wichtiger noch als das Verstehen ist unser Vertrauen darauf, dass Gott uns in der Kommunion ganz nahekommt. Für Gott ist nichts unmöglich. Gott ist noch viel wunderbarer und größerals unser Verstehen." – Aische übersetzt: „Herr Burger sagt: Gott ist größer als alles. Auf Arabisch: Allahu akbar."
Das verstehen auch Fathma und Abdul, die froh sind, dass die Streiterei um Religion jetzt ein Ende hat. In ihrer Heimat Irak gibt es nämlich auch oft schlimmen Streit um Religion. Deshalb sind sie nach Deutschland geflüchtet. Mit ihrer Familie. Wenn Abdul an ihre Flucht über das Meer denkt, wird ihm immer ganz kalt und er zittert am ganzen Körper. Aber so weit denkt er jetzt nicht. Die

Pausenklingel erschreckt ihn, noch bevor die furchtbaren Erinnerungen seine Gedanken einholen. Neben ihm steht Felix und zeigt auf Abduls blinkende Schuhe. „Die sind ja cool."

DRUNTER UND DRÜBER

Die Pause ist zu Ende. Alle Kinder sitzen normalerweise an ihren Arbeitsplätzen. Aber heute ist mal wieder alles anders. So wie meistens in der Schule meistens alles anders als normal ist, besonders in der anstrengenden 3b. Herr Burger hat mal wieder vergessen, den Stuhlkreis aufzuräumen, und einige Kinder streiten sich um die schönsten Stühle für ihren Arbeitsplatz. Obwohl die ja alle gleich aussehen.
Die Neuankömmlinge Fathma und Abdul stehen irgendwie hilflos herum – sie haben ja noch keine Arbeitsplätze, weil vorher alle im Stuhlkreis gesessen sind. Und genau die Stühle, die Herr Burger für sie bereitgestellt hat, gehören wohl einer Mia und einem Benjamin. Zumindest sind diese beiden Namen in die Holzlehnen eingeritzt, was natürlich streng verboten ist, aber jetzt trotzdem nun mal so ist. Also stellen sich Fathma und Abdul in eine Ecke beim Waschbecken, gleich neben der Türe zum Flur.

Leon und Luca verhandeln noch mit Herrn Burger, ob sie nun endlich ihre Magischen Monsterkarten zurückbekommen, wenn sie ihm hoch und heilig versprechen, sie in seinem Unterricht nicht mehr auszupacken. Das Betteln ist erfolgreich: Herr Burger gibt nach.

„Glaubst du wirklich, wir schaffen das?", zweifelt Luca.
„Gut, dass wir nur einmal in der Woche eine Stunde Religion haben. Dann können wir in den übrigen 27 Schulstunden spielen", rechnet Leon aus. „Außerdem könnten wir die Karten im Religionsunterricht gar nicht erst in den Schulranzen einpacken, sondern die Karten gleich schon ausgepackt in der Hosentasche mit in den Religionsunterricht nehmen."

Luca findet seinen Freund echt schlau.

Aische und Johanna tuscheln immer noch auf dem Mädchenklo. Worüber sie genau tuscheln, ist ein strenges Mädchengeheimnis und hat vielleicht etwas mit dem Neuankömmling Abdul zu tun. Aber nur vielleicht. Die anderen Mädchen stehen auf dem Gang und starren gebannt auf das neueste Smartphone von Clara. Das hat sie auch zur Kommunion bekommen, aber vorhin nicht mehr sagen wollen, weil alle so doof zu ihr waren.

Nur der Junge, der sich die ganze Zeit meldet, sitzt an seinem Platz auf seinem Stuhl und zappelt. Aber weil ja kein Lehrer da ist, meldet er sich gerade nicht, sondern mampft hastig schon seine zweite Banane. „Frau Ziegler kommt. Alle auf ihre Plätze! Deutschhefte auspacken!", brüllt Felix von seinem Wachposten an der Ecke zum Lehrerzimmer. Er ist in diesem Jahr zum „Wachmann" gewählt worden und hat die wichtige Aufgabe übernommen, nach dem Pausenklingeln Alarm zu schlagen, sobald eine strenge Lehrerin oder – schlimmer noch – die Direktorin Frau Frostig kommt.

Alle Kinder, auch die vom Gang und aus dem Mädchenklo, rennen ins Klassenzimmer, vorbei an Fathma und Abdul zu ihren Arbeitsplätzen. Frau Ziegler ist die Klassenlehrerin. Sie ist wirklich sehr, sehr nett, aber manchmal auch richtig streng. Leider hat sie eine komisch kreischende Stimme, ein bisschen wie ein Seehund. Donnerstags und freitags ist sie oft nicht mehr gut gelaunt, weil die Klasse so anstrengend ist. Dann ist ihre Stimme noch kreischiger.

Doch weil heute Montag ist, ist sie gut gelaunt und freut sich darüber, dass alle Kinder so brav auf ihrem Platz sitzen und sogar schon ihre Deutschhefte ausgepackt haben. Für die kommende Stunde hat sie sich vorhin etwas ganz Besonderes ausgedacht.

„Guten Morgen, liebe Kinder. Ihr könnt die Deutschhefte wieder einpacken. Wir machen heute erst mal einen Stuhlkreis!"

Frau Ziegler wundert sich, warum alle Kinder auf einmal so stöhnen. Sie hat aber keine Zeit, darüber nachzudenken.

„Ihr beide seid bestimmt Fathma und Abdul", begrüßt sie die beiden Neuankömmlinge, die immer noch ein wenig verloren in der Ecke stehen. „Ich bin Frau Ziegler, die Klassenlehrerin. Könnt ihr mich denn überhaupt verstehen?"

„Ja, danke", antwortet Fathma. „Sehr laut."

„Wer? Die Klasse? Heute geht es doch."

„Nein, du, äh, Sie".

Einige der anderen Kinder haben das kurze Gespräch mit angehört und kichern.

Auch darüber wundert sich Frau Ziegler. Aber sie fährt einfach fort: „Wie ihr seht, haben wir heute zwei neue Mitschüler in unserer Klasse. Fathma und Abdul. Setzt euch bitte alle auf eure Plätze im Kreis und schaut mal, was ich deshalb heute dabei habe."

Als alle einigermaßen still sitzen, holt sie geheimnisvoll wie eine Zauberhexe ein rundes Ding aus ihrer Tasche. Es ist ein Wollknäuel. Einige Kinder stöhnen gelangweilt, andere fangen wieder an zu kichern. „Ich halte jetzt den Faden in meiner Hand und werfe den Wollknäuel einem Kind zu. Das Kind sagt dann seinen Namen, wo es herkommt und was es gerne mag. Dann hält es den Wollfaden in der einen Hand fest und wirft den Wollknäuel mit der anderen Hand einem anderen Kind zu. So entsteht nach und nach ein dichtes Netz, das unsere ganze Klasse miteinander verbindet und zusammenhält. Wer mag anfangen?"

Nicht einmal der zappelige Junge meldet sich, er gähnt nur.

Frau Ziegler wirft den Wollknäuel zu Johanna. Die hat aber gerade nur Augen für Abdul und bekommt den Knäuel an den Kopf.

„Aua, welcher Idiot war das?", ruft sie erschrocken.

„Johanna! Keine Schimpfwörter!", ermahnt Frau Ziegler, „Also noch mal: Johanna, wie heißt du? Woher kommst du? Und was magst du?"

„Hä?" Johanna versteht gar nichts mehr. „Sie wissen doch, dass ich Johanna heiße!", antwortet sie. Dann fragt sie Clara leise: „Was soll ich machen?"

„Du musst jetzt sagen, wo du herkommst", flüstert Clara zurück.

„Ach so, ja, Entschuldigung. Also ich war mit Aische auf dem Klo."

„Entschuldigung", meldet sich Fathma zu Wort. „Ich habe nicht verstanden. Wo kommt das Mädchen her?"

„Na, aus dem Klo. Johanna und Aische sind im Klo geboren!", platzt Felix raus.

Alle lachen. Johanna ist wütend. Sie reißt den Faden auseinander, schleudert den Wollknäuel in Richtung Felix, trifft dabei die hübsche bunte Blumenvase aus Ton auf dem Lehrertisch, die natürlich umkippt und nun in Scherben auf dem Boden liegt.

Frau Ziegler kreischt. Der Junge, der immer zappelt und sich streckt, fängt an zu weinen. Er hatte die kleine Vase im Kunstunterricht für seine Lieblingslehrerin selbst getöpfert. Felix zieht eine hässliche Grimasse: „Nicht getroffen, Schnaps gesoffen."

Johannas Freundin Aische regt sich furchtbar auf. Das geht ihr jetzt wirklich zu weit. „Du blöder gemeiner Kerl!", brüllt sie und stürzt sich mit geballten Fäusten auf Felix. Der rennt natürlich weg, und Aische jagt ihm im Klassenzimmer hinterher. Über Tische und Stühle.

Die Klasse ist außer sich: „Aische, Aische!", feuern die Mädchen die Verfolgerin an. „Renn, Felix, renn!", jubeln die Jungen. Fast alle Kinder lachen und schreien und stampfen vor Aufregung mit den Füßen auf den Boden. Manche stellen sich sogar auf die Stühle. Ein Junge versucht, Aische ein Bein zu stellen, damit sie hinfällt.

Frau Ziegler versteht die Welt nicht mehr. „Hört auf, hört jetzt sofort auf damit!", kreischt sie in den höchsten Tönen. Zu spät. Zwei Mädchen sind jetzt ebenfalls aufgesprungen und versuchen, Felix wie beim Fangenspielen mit ausgebreiteten Armen den Weg abzuschneiden. Der will ausweichen, verheddert sich dabei im Wollfaden, stolpert – und knallt mit voller Wucht gegen ein hohes Bücherregal aus Metall.

„Bitte nicht", wimmert ein Mädchen.

Doch es kommt noch schlimmer. Das Regal wankt und schwankt und fällt geradewegs in Richtung Fenster.

„Ach, du lieber Himmel!", kreischt Frau Ziegler.

Einige Bücher purzeln bereits hinaus, dann kracht das schwere Regal auch schon gegen die riesige geschlossene

Fensterscheibe. Das Glas springt, gibt nach und fällt in tausend Splittern in sich zusammen. Allen stockt der Atem. „Cool, Sicherheitsglas!", staunt Leon, der sich als Erster wieder gefasst hat.

Manche Kinder weinen vor Schreck. Die Klassenlehrerin kümmert sich zuerst kurz um Felix, der sich vor Schmerzen die Schulter reibt, und läuft dann zu dem kaputten Fenster, um nachzuschauen, ob draußen jemand etwas abgekriegt hat. Gott sei Dank ist niemand ernsthaft verletzt.

„Beruhigt euch, Kinder", versucht Frau Ziegler die Kinder zu besänftigen. „Setzt euch erst einmal alle wieder auf eure Plätze und passt auf die scharfen Scherben auf."

Doch kaum haben sich die Kinder auf ihre Stühle gesetzt, folgt die nächste Katastrophe: Ein Unglück kommt ja leider selten allein: Die Tür fliegt auf. Direktorin Frostig stürzt ins Klassenzimmer, gefolgt von Herrn Burger, anderen Lehrern und Lehrerinnen und einer Horde aufgeregter Schüler aus den Nachbarzimmern, die alle das Geschrei und den lauten Krach gehört haben. Frau Frostigs eisiger Blick streift über das Chaos. Alle sind mucksmäuschenstill. Auch die Lehrer und die anderen Schüler. „Ist jemand verletzt?", fragt die Direktorin leise. Frau Ziegler schüttelt den Kopf.

„Gut", nickt Frau Frostig ihr zu. Dann denkt sie kurz nach und gibt Anweisungen: „Die Klasse 3b geht jetzt geschlossen mit Herrn Burger einen Stock tiefer in das leere Klassenzimmer der 2b und wartet dort. Ich informiere den Hausmeister. Sie, Frau Ziegler, kommen bitte mit mir in mein Büro. Alle anderen fahren mit dem Unterricht fort. Und zwar sofort."

Alle folgen.

„Das gibt Ärger. Richtig Ärger", flüstert Clara Johanna zu, während sie ins Klassenzimmer der 2b gehen.

Johanna nickt zustimmend und erinnert sich: Letztes Jahr war das noch ihr Klassenzimmer. Jetzt sind da „die Kleinen" drin, wie Felix immer sagt, der selbst auch nicht größer ist als die meisten Zweitklässler. Damals war Felix noch ihr bester Jungen-Freund. Sie haben früher oft zusammen gespielt und sind immer zusammen zur Schule gegangen, weil sie den gleichen Weg haben. Eigentlich noch bis heute Morgen. Aber jetzt nicht mehr. Mit Felix redet sie kein Wort mehr, nachdem er sie so lächerlich gemacht hat. Und es ist ihr auch fast egal, dass er sich wehgetan hat.

Herr Burger möchte sich von der Klasse schildern lassen, was denn eigentlich genau passiert ist. Aber schon beim Versuch zu erzählen, wie alles angefangen hat und wer an was schuld ist, gerät die Klasse wieder heftig in Streit. Fathma und Abdul verstehen die Welt nicht mehr. So hatten sie sich ihren ersten Schultag in der neuen Schule nicht vorgestellt. Die Kinder hier hören ja gar nicht auf ihre Lehrer und sind alle ganz laut. Bestimmt passiert jetzt gleich etwas ganz Schlimmes. Ihre Eltern haben ihnen schon oft aus ihrer Schulzeit in ihrer irakischen Heimat erzählt. Da waren die Lehrer sehr streng und haben die Kinder mit einem langen, biegsamen Stock geschlagen, wenn sie etwas falsch gemacht haben. Fathma hat Angst, dass die strenge Frau jetzt gleich wiederkommt und alle Kinder ganz wild mit einem großen harten Stock schlägt. Abdul kann sie beruhigen. Er weiß, dass man in Deutschland keine Kinder schlagen darf. Nicht einmal die eigenen Eltern dürfen das.

***

Tatsächlich hat Frau Frostig keinen Stock dabei, als sie zwanzig Minuten später vor der immer noch aufge-wühlten Klasse steht. Aber ihre Worte tun trotzdem weh: Noch heute Nachmittag soll Frau Ziegler persönlich bei allen Eltern, deren Kinder sich heute so danebenbe-nommen haben, anrufen und sie zu einem Gespräch in die Schule einbestellen. Außerdem wird die lang geplante Klassenfahrt mit Übernachtung und Besuch in einem riesigen Freizeitpark ersatzlos gestrichen. Mit so einer unmöglichen Klasse kann man einfach keinen Ausflug machen – da kann ja alles Mögliche passieren, findet Frau Frostig. Frau Ziegler und Herr Burger und der Junge, der sich immer meldet, finden das auch.

DER ANRUF

Ziemlich außer Atem kommt Johanna aus der Schule nach Hause. Ihr Vater steht am Küchenherd, starrt auf sein Tablet und versucht, die Spargelsauce genauso locker aufzuschäumen, wie der Mann in dem Kochvideo.

„Hallo, Dietmar", sprudelt Johanna hervor. „Stell dir vor, was heute passiert ist: Felix hat mich geärgert und ist dann gegen einen Schrank gerannt und der ist …"

„Später, Johanna, später, ich kann nicht gleichzeitig kochen und zuhören. Du siehst doch, dass das grade nicht geht. Jonas ist auch schon da. Bei ihm fällt heute der Unterricht aus."

Also rennt Johanna weiter zu ihrem großen Bruder Jonas ins Zimmer. „Hallo Jonas, weißt du, was heute passiert ist? Der Felix hat mich geärgert und ist dann voll gegen einen Schrank gerannt und dann …"

Jonas guckt sie nicht mal an. „Na klar, können wir machen! Aber wann jetzt: Treffen wir uns jetzt um zwei oder um drei mit den Boards bei der Pipe?", schickt er seine Sprachnachricht an irgendeinen Kumpel ab und schaut dann kurz auf: „Hi, Johanna, wie war es in der Schule? Was hast du gesagt?"

„Ich habe gesagt, dass der Felix mich geärgert hat und dann ist der Felix gegen einen …"

Plötzlich ertönt ein gruseliger, laut gellender Schrei, als würde jemand aus dem Fenster stürzen. Johanna zuckt zusammen. Jonas grinst und zeigt auf sein Smartphone. Es ist sein neuester Klingelton „Cool, oder? Hab ich neu. Ups – Ben hat gerade eine Nachricht geschickt. Das ist jetzt wirklich ganz wichtig! Erzähl es Frauke, die sitzt schon seit ewigen Zeiten mit zwei alten Flüchtlingen im Arbeitszimmer und rettet die Welt. Aber nur noch bis um eins. Dietmar hat gesagt, dann gibt's Essen."

Johanna stampft wütend mit dem Fuß auf den Boden, macht kehrt und verschwindet in ihrem Zimmer. Mit großem Getöse knallt sie die Tür hinter sich zu.
Keiner hört ihr zu, keiner spricht mit ihr. Jonas weiß doch genau, dass man ihre Mutter nicht stören darf, wenn sie im Arbeitszimmer sitzt und arbeitet.

Warum sind heute alle so gemein?, fragt sich Johanna. Und weil offenbar niemand sonst Zeit für sie hat, fragt sie das ihren Jesus, der in einer Ecke ihres Kinderzimmers an seinem Kreuz hängt. Aber Jesus antwortet ihr auch nicht. „Der hat wahrscheinlich auch gerade etwas anderes zu tun", schmollt sie. Manchmal, meistens kurz nach dem Einschlafen oder ganz kurz vor dem Aufwachen, hat Johanna das Gefühl, das Jesus mit ihr spricht. Nicht so laut, dass man es mit den Ohren hören könnte, eher in ihr selbst, in ihrem Herzen. Dann weiß sie, dass sie nicht alleine ist und dass Jesus bei ihr ist und sie lieb hat und ihr Tipps gibt, wie man dies und das am besten denken oder fühlen oder machen kann. Heute gibt er ihr aber anscheinend keinen Tipp. Oder ihr Herz ist so aufgewühlt von den Ereignissen, dass sie ihn nicht hören kann. Man muss das nämlich auch ein wenig üben, auf Jesus im Herzen zu hören, sagt ihre Mutter immer. Und die muss es schließlich wissen, weil sie die ganze Erstkommunionvorbereitung geleitet hat und sonntags in der Kirche manchmal vorne steht. Dann liest sie den Menschen aus der Bibel vor und erklärt, was Gott uns heute sagen möchte. Außerdem spricht sie ständig mit ganz vielen Leuten in ihrem Arbeitszimmer über Jesus und hört zu, wenn die Leute traurig sind, wenn jemand gestorben ist oder sonst etwas Schlimmes passiert ist.

„Nur mit mir redet keiner", murmelt Johanna, „obwohl doch heute was Schlimmes passiert ist." Jesus sagt immer noch nichts und Felix, mit dem sie normalerweise auch immer gut reden kann, hat heute Nachmittag Fußball-training und ist sowieso doof.

Als die fremden Leute um zwei Uhr endlich gegangen sind und die Familie beim verspäteten Mittagessen sitzt, ist die Stimmung gedrückt. Johanna ist immer noch beleidigt und stochert im kalten Essen rum. Ihrem Vater Dietmar sind die Kartoffeln zerkocht und die Spargelsauce ist nur ein bisschen gut gelungen. Jonas ärgert sich, dass es draußen mittlerweile wie aus Kübeln regnet und seine Verabredung zum Skateboard-Fahren wohl ins Wasser fällt.

Mutter Frauke ist in Gedanken ganz bei den traurigen Erlebnissen der beiden Flüchtlinge, von denen sie gerade erfahren hat. Sie schiebt ihren Teller zur Seite und erzählt: „Herr und Frau Abdulhamed sind mit ihrer Tochter Fathma und Herrn Abdulhameds Bruder und dessen Sohn Abdul vor drei Jahren aus dem Irak vor grausamen Menschen geflohen, die sich ‚Gotteskrieger' nennen. Die haben ihr ganzes Dorf zerstört und viele Menschen aus ihrer Familie getötet. Auf der Flucht haben die Abdulhameds schreckliche Dinge erlebt, die sie bis heute nachts nicht ruhig schlafen lassen. Abduls Vater ist auf der Flucht gestorben. Jetzt suchen sie für sich und die beiden Kinder eine Wohnung, weil Herr Abdulhamed hier eine Arbeit …"

„Entschuldige, Frauke", unterbricht sie Johannes' Vater Dietmar gereizt, „aber was hat das mit uns zu tun? Und warum musst du dich jetzt darum kümmern, sodass unser Essen zerkocht und kalt wird und alle schlechte Laune haben?"

Da ertönt auch noch dieser gruselige, laut gellende Schrei, als würde jemand aus dem Fenster stürzen, aus Jonas' Smartphone. „Ich werde hier noch verrückt", schimpft der Vater, sammelt die halb leer gegessenen Teller ein und geht trotz des Regens joggen. Jonas grinst bösartig, nimmt sein Smartphone und verabschiedet sich in sein Zimmer.

Johanna und ihre Mutter sitzen alleine am Tisch. Johanna konnte zwar immer noch nicht von ihren Erlebnissen erzählen. Aber sie ist hellhörig geworden, als sie die Namen Fathma und Abdul gehört hat.

„Warum sagt der islamische Gott seinen Kriegern nicht, dass sie das sein lassen sollen? Ist das ein ganz anderer Gott als unser lieber Gott?", fragt sie.

„Das ist eine gute Frage, Johanna", antwortet die Mutter. „Ich glaube, es gibt nur einen Gott. Aber es gibt in allen Religionen eben viele Wege zu Gott. Wege, die von Menschen angelegt und befestigt werden. Manche von ihnen führen leider in die Irre und bringen viel Leid in die Welt."

„Aber wenn es so viele verschiedene Wege zu Gott gibt, woran kann ich dann erkennen, dass ich mit meinem Jesus auf dem richtigen Weg zum lieben Gott bin?", hakt Johanna nach. „Der Jesus sagt nämlich in letzter Zeit auch nichts mehr."

Ihre Mutter denkt eine Weile nach. Dann sagt sie: „Mir fällt dazu im Moment nur ein schönes Kirchenlied ein, das wir manchmal auf Lateinisch in der Kirche singen. Der deutsche Text lautet: ‚Wo die Liebe und die Güte wohnt, dort wohnt Gott'."

Johanna versteht nur zu gut, was ihre Mutter meint, schaut sich um und wird auf einmal ganz traurig „Dann ist Gott wohl heute ausgezogen oder irgendwo bei Verwandten im Urlaub …", schluchzt Johanna.

Ihre Mutter nimmt sie zärtlich in den Arm. „Was ist denn heute eigentlich los hier?", fragt sie.
Doch in diesem Augenblick klingelt das Telefon.

***

Seufzend dreht Felix den Wohnungsschlüssel um. Montags und donnerstags ist er nach der Schule alleine zu Hause. Auch dieses Mal war es wie immer gewesen: keine Nachricht auf dem Anrufbeantworter. Dann hat er sich ein Schokomüsli „gekocht" und seine Sportsachen gepackt. Kein Anruf. Auf dem Rückweg vom Fußballtraining hat er ziemlich getrödelt. Aber jetzt ist es gleich halb sieben. Seine Mutter kommt in ein paar Minuten von der Arbeit. Sie würde sich große Sorgen machen, wenn er nicht da wäre. Und seine große Schwester Sandra wäre total genervt, weil er heute an der Reihe ist, den Abendbrottisch zu decken. Felix zieht seine Schuhe aus, hängt seine Jacke an den Kleiderhaken der Garderobe, legt seine Sporttasche darunter ab und schielt zu dem kleinen Ablageschrank im Flur. Der Anrufbeantworter blinkt.
Das wird sie sein, denkt Felix.

Seiner Schwester Sandra ist der blinkende Anrufbeantworter immer egal. Genau genommen ist Sandra schon seit geraumer Zeit so ziemlich alles um sie herum egal. Das liegt daran, dass alles Wichtige in ihrem Leben vor dem Spiegel im Badezimmer und in ihrem Smartphone stattfindet, vermutet Felix. Sie hat wahrscheinlich auch noch nicht gemerkt, dass Felix gekommen ist. Was soll er nur machen? Gleich wird seine Mutter kommen und den blinkenden Anrufbeantworter sehen und abhören. Dann wird sie

ganz traurig sein und wütend, weil er ihr schon wieder Sorgen macht. Obwohl sie doch schon selbst so viele Sorgen hat, seitdem Papa nicht mehr da ist. Das ist er schon seit zwei Jahren nicht mehr. Nein, Felix möchte seiner Mutter keine Sorgen machen. Zumindest heute nicht. Er schaut sich kurz um, huscht dann zum Anrufbeantworter und drückt auf das rote Kreuz: „Der Anruf wird gelöscht. Sie haben keine neue Nachricht", ertönt eine hässliche Maschinenstimme.

„Hallo? Felix, bist du es?", ruft es hinter ihm aus dem Bad. „Sei still, du doofe Kuh!", raunt Felix der Maschinenstimme zu. „Alter, geht's noch – wie bist du denn drauf?", antwortet Sandra, die halb vollgeschminkt im Rahmen der Badezimmertür steht. Sie schüttelt ihre frisch geglätteten Haare, durchquert den Flur und schlägt die Türe zu ihrem Zimmer hinter sich zu, bevor Felix sich überlegen kann, ob er sich bei ihr entschuldigen will. Obwohl: Eigentlich ist das gar nicht nötig, denn er hat ja gar nicht mit ihr gesprochen, sondern mit dem Anrufbeantworter.

Da klingelt es an der Wohnungstüre. Felix' Mutter ruft von unten durchs Treppenhaus, ob ihr jemand bei den Einkaufstüten helfen kann. Er beeilt sich, ihr zu helfen, und überlegt, ob und wie er ihr erklären soll, was heute in der Schule passiert ist. Das Überlegen dauert ziemlich lange. Längst haben sie zu dritt Abendbrot aufgedeckt, gegessen und abgeräumt. Das Smartphone seiner Schwester auf dem Tisch hat währenddessen wie jeden Abend mindestens dreißigmal gesummt und vibriert – alles wichtige Nachrichten, die sie jetzt alle unbedingt sofort beantworten muss.

Felix' Mutter schenkt sich eine Tasse Tee ein, schaltet den Fernseher ein und lässt sich erschöpft in den Sessel fallen. In den Nachrichten zeigen sie Bilder von klitzekleinen Schlauchbooten mit viel zu vielen Menschen drauf, mitten im tobenden Meer, in dem ebenfalls unzählige Menschen schwimmen. Im Hintergrund sinkt ein alter Fischkutter. Die Kamera wird von einer anbrausenden Welle nassgespritzt und schwenkt zu einem schlotternden Reporter auf einem schwankenden Kriegsschiff. Dieser berichtet von den vergeblichen Versuchen deutscher Soldaten, schiffbrüchige Flüchtlinge zu retten. Felix will gerade nachfragen, was das alles zu bedeuten hat und ob Deutschland Krieg führt, wegen des Kriegsschiffes und der Soldaten. Aber da zickt ihn seine Schwester an.

„Dafür bist du noch zu klein", sagt sie, schnappt sich die Fernbedienung und zappt ins nächste Programm. Dort läuft jetzt gleich ihre heißgeliebte Castingshow „TSCC – Topmodel Second Chance Contest". Irgendwelche Möchtegern-Models, die in früheren Wettbewerben nichts gewonnen haben, kriegen da eine zweite Chance. Dafür müssen sie um die Wette Karaoke singen, Kühe melken und vegetarisch kochen.

„Nein, Sandra. Heute bleibt die Kiste kalt!", beendet ihre Mutter das Programm und holt das neue superspannende Familienspiel hervor, das Felix zur Erstkommunion von Sandra geschenkt bekommen hat. Zusammen mit einer Karte, auf der stand:

„Mein liebes Bruderherz,
herzlichen Glückwunsch zur Erstkommunion und viel Freude mit dem neuen Spiel, das wir natürlich miteinander spielen werden – so wie früher. Deine große Schwester Sandra."

„Okay. Baut schon mal auf", gibt Sandra sich geschlagen und zieht sich nur mal ganz kurz ins Bad zurück. Felix packt das Spiel aus und drückt die vorgestanzten Figuren heraus.

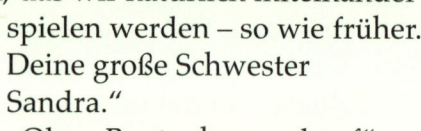

„Welche Farbe wollt ihr?"
Papa hätte am liebsten Blau genommen, deshalb bleibt Blau
frei. Seine Mutter entscheidet sich für Gelb und holt eine
Packung Erdnussflips aus dem Küchenschrank. Da klingelt
das Telefon. Felix schreckt zusammen. Wer ruft um diese
Zeit wohl noch an?"
„Für dich, Mama. Frau Ziegler. Die Klassenlehrerin von
Felix. Ich leg dir das Telefon hier auf die Ablage!", ruft
Sandra aus dem Flur und verzieht sich schon wieder nur
mal ganz kurz mit ihrem Smartphone in ihr Zimmer.

***

Clara hält ihre goldene Hochzeitskutsche fest im Arm und
lauscht an der Türe.
Vorhin hat Frau Ziegler angerufen und ihrer Mutter
mitgeteilt, dass sich die Klasse heute so dermaßen daneben
benommen habe, dass es zu einem erheblichen Sachschaden
und mehreren Leichtverletzten gekommen sei. Die Schulleiterin habe deshalb die bevorstehende
Klassenfahrt in den Erlebnispark
verboten. Nach dem Telefonat hat
Claras Mutter ihre weinende Tochter in
den Arm genommen und beruhigt:
„Warum weinst du denn so? Ich bin
mir sicher, dass du mit diesen
schlimmen Dingen nichts zu tun hast,
mein kleiner Schatz. Diese Lehrerin hat
eure Klasse einfach nicht im Griff. Ich
hätte doch auf deinen Vater in Amerika
hören sollen und dich nach dem
Kindergarten an der Privatschule in
Oberstadt anmelden sollen. Aber du und Papi – ihr habt
euch so dagegen gewehrt. Und jetzt bieten die euch nicht
einmal eine Klassenfahrt. Das ist einfach eine unmögliche
Schule."

Das hat Claras Mutter früher ganz oft gesagt; eigentlich immer, wenn Clara etwas Spannendes aus der Schule erzählt hat. Deshalb berichtet Clara ihrer Mutter seit einiger Zeit gar nicht mehr viel von dem, was in der Schule passiert, schon gar nichts Schlimmes. Sie möchte nämlich bei ihren Freundinnen in der Klasse bleiben. Deshalb hat sie auch heute nur wenig erzählt. Und jetzt weint sie nicht wegen der gestrichenen Klassenfahrt, sondern weil sie Angst hat, dass ihre Mutter sie auf eine andere Schule schickt. Das alles merkt ihre Mutter aber gar nicht, nur Papi würde das merken, obwohl er ja gar nicht ihr echter Vater ist. Aber Papi ist oft bis spätabends in seinem Büro. Heute auch. Ausgerechnet heute.

Nachdem Clara sich etwas beruhigt hat und in ihr Zimmer gegangen ist, hat ihre Mutter zum Telefon gegriffen. Jetzt telefoniert sie schon seit zehn Minuten aufgeregt mit der Schulleiterin Frau Frostig. Neugierig schleicht sich Clara wieder aus dem Zimmer, und was sie heimlich belauscht, hört sich nicht gut an.

„Jetzt hören Sie mir gut zu, Frau Frostig: Ihre ganze Schule ist unmöglich. Ich werde mich beim Schulamt über Sie und Ihre Lehrkräfte beschweren. Meine Tochter hat nichts, aber auch gar nichts mit den chaotischen Zuständen in dieser Klasse zu tun. Es ist eine Unverschämtheit, meiner Tochter jetzt auch noch die Klassenfahrt vorzuenthalten. Ermitteln Sie gefälligst die Schuldigen und werfen Sie diese schleunigst von der Schule. Ich will ja nichts sagen, aber bestimmt haben dieser freche Leon und sein Freund Luca das alles angezettelt. Oder diese beiden Flüchtlinge, die Sie der Klasse jetzt auch noch zumuten wollen. Also: Ich erwarte, dass Sie entsprechende Schritte unternehmen! Haben Sie mich verstanden?"

Clara hat genug gehört. Leise schließt sie die Türe und räumt die goldene Hochzeitkutsche ins Regal. Ganz verzweifelt setzt sie sich auf ihr Bett und kuschelt sich in

ihre
grün-rosa Waldfeendecke ein.
Sie schaut aus dem Fenster. Draußen regnet es. In der Ferne
über den Dächern sieht sie die Kirchturmspitze. Früher ist
sie ihr gar nicht besonders aufgefallen. Erst seitdem sie nach
einer Kindergruppenstunde der Erstkommunionvorbereitung mit Johannas Mutter in den Kirchturm geklettert
sind. Da hat sie aus einer kleinen Fensterluke ihr Haus, ja
sogar das Fenster ihres Zimmers in der Ferne entdeckt.
Seiher ist die Verbindung hergestellt. Für Clara ist die
Kirche der Ort, wo sie sich Gott am nächsten fühlt. Auch
wenn sie vor der Erstkommunionvorbereitung noch nie da
war – und danach eigentlich auch noch nicht. Aber das
braucht sie auch gar nicht, findet Clara. Wenn sie von ihrem
Zimmerfenster aus den Kirchturm sieht, ist die Verbindung
ja hergestellt.
„Lieber Gott", betet sie leise, „bitte hilf, dass niemand von
der Schule gehen muss. Und ich auch nicht. Die ganze
Klasse ist doch mit schuld, dass es so gekommen ist. Und
ich auch. Eigentlich alle außer Leon und Luca und den
beiden Neuen. Hilf auch, dass meine Mutter sich wieder
beruhigt. Sie macht alles nur noch schlimmer."

Aische verneigt sich wie ihre Mutter in Richtung Mekka und rollt anschließend ihren kleinen Gebetsteppich auf. Sie hätte nicht gedacht, dass ihre Mutter so ruhig und gelassen reagiert. Andererseits überrascht die Mutter sie immer wieder. Aische bewundert ihre Mutter sehr. Sie ist sehr klug und sehr schön und sehr gläubig, genauso will Aische auch einmal werden. Und sie ist  auch wirklich auf dem besten Weg dahin: Ihre Schulnoten sind hervorragend, die Glitzerschuhe, die sie von ihrer Tante aus der Türkei geschickt bekommen hat, sind sehr schick und sie hat vor einem halben Jahr begonnen, gemeinsam mit ihrer Mutter das Tagesgebet zu beten. Ihre Mutter spricht dann die entsprechenden Verse aus dem Heiligen Buch, dem Koran. Und zwar auf

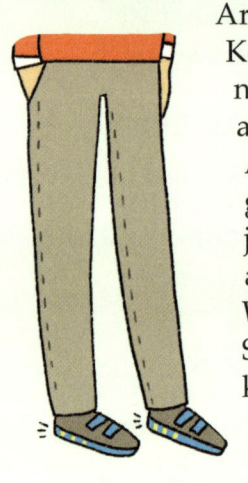

Arabisch, so wie ihr Prophet Mohammed den Koran vom Engel Gabriel empfangen hat und niederschreiben ließ. Vater wird ihr bald die arabische Schrift und die Aussprache beibringen. Aisches Vater ist auch sehr klug und sehr gläubig. Aber nicht so schön, findet Aische, jedenfalls nicht so schön wie Abdul, der neue arabische Junge mit den Locken.

Weder Aisches Erzählungen vom heutigen Schultag, noch der Anruf von Frau Ziegler konnten ihre Mutter aus der Ruhe bringen. Im Gegenteil, sie schien fast etwas erleichtert, dass die Klassenfahrt abgesagt wird. Aische ahnt auch, weshalb. Die Klassenfahrt hätte ihre Mutter nämlich noch viel Überzeugungsarbeit bei ihrem Mann und in der Verwandtschaft gekostet. Klassenfahrten mit Übernachtungen, gemeinsamer Schwimmbadbesuch von Jungen und Mädchen, Theaterstücke auf der Schulbühne in bunten Kostümen mit viel Gesang und wildem

Tanz – das alles gefällt Aisches Eltern an Deutschlands Schulen nicht so gut. Aber so ist es nun mal, wenn man in einem anderen Land lebt und arbeitet, da unterscheiden sich die Sitten und Gebräuche von denen in der Heimat. Man muss sich anpassen, wenn man dazugehören will. Aisches Eltern wollen dazu gehören. Sie haben hier gute Arbeit als Pflegekräfte in einem Seniorenheim von Mittelstadt und auch Freunde gefunden. Aber ihre Herzen schlagen dennoch für ihre türkische Heimat. Irgendwann, so Gott will, werden sie wieder dorthin zurückkehren. Und Aische will das auch, obwohl sie dort niemanden kennt, außer ihrer schenkfreudigen Tante und einer älteren Großcousine. Die findet sie allerdings ziemlich doof. Trotzdem: Da wohnen ja noch mehr Leute, und wenn man erst mal dorthin zieht, findet man sicher auch Freunde. Bis dahin ermahnt ihre Mutter sie fast täglich mit ihrem sanften Lächeln: „Konzentriere dich auf deine Schularbeiten, damit du später einmal eine gute Ärztin wirst."

Nur heute, nach dem Gebet und nachdem sie zusammen Tee getrunken haben, fügt sie etwas hinzu, was Aische sehr traurig macht und was sie so einfach nicht einsehen will: „Da ist doch noch etwas Aische: Halte dich bitte von den Geflüchteten fern – die bringen nur Unruhe nach Deutschland. Und in die Türkei auch."

***

Frau Ziegler hat auch bei Leons und Lucas Eltern angerufen hat, obwohl es dafür eigentlich keinen Grund gab. Danach haben die Eltern gleich miteinander telefoniert und vereinbart, dass Leon und Luca zusätzlich zur Schulstrafe zwei Wochen Monsterkartenverbot bekommen. Sie kennen ja ihre beiden Rabauken. Es wäre auch nicht das erste Mal, dass die was anstellen.

Überhaupt kann man froh sein, dass nichts Schlimmeres passiert ist, finden die Eltern. Wo sind die beiden überhaupt wieder?

Luca und Leon wollten eigentlich zum Fußballtraining gehen. Aber gerade regnet es. Deshalb hocken die beiden im strömenden Regen auf einer Bank an der überdachten Bushaltestelle in ihrer Straße. Dort sitzen sie gerne. Sie finden es lustig, wenn jedes Mal ein Bus anhält, weil die Busfahrer denken, sie würden auf den Bus warten. Aber Leon und Luca warten auf keinen Bus, sondern sitzen im Trockenen und tauschen ihre Magischen Monsterkarten. Noch kriegen sie von dem ganzen Ärger um sie herum gar nichts mit.

WIE GEHT VERSÖHNUNG?

Das Klassenzimmer der 3 b ist noch nicht freigegeben. Das Baugerüst steht schon, aber der Fensterbauer hat wohl Lieferschwierigkeiten mit der neuen großen Glasscheibe. Folglich sitzen alle im fremden Klassenzimmer der 2 b, die immer noch auf Klassenreise ist, was alles irgendwie noch schlimmer macht.

Frau Ziegler hat heute Verstärkung mitgebracht: Sie hat ihren großen Methodenkoffer dabei, und der Religionslehrer Herr Burger hat sich als Vermittler angeboten. Die Situation ist seit Tagen ziemlich verfahren. Fast alle Kinder finden, dass sie zu Unrecht bestraft wurden, und keiner fühlt sich mehr so recht wohl in der 3 b der Gesamtschule Süd in Mittelstadt.

Leon und Luca hat es am härtesten getroffen: Sie haben sich am meisten auf die Klassenfahrt mit Übernachtung und Besuch im Erlebnisfreizeitpark gefreut. Heimlich hatten sie schon im Internet nachgeschaut, wie man sich an der Alterskontrolle bei der gefährlichen Drachenlooping-Achterbahn durchmogeln kann, weil die ja erst ab 14 Jahren ist. Und

jetzt haben ihre Eltern ihnen auch noch die Magischen Monsterkarten weggenommen, obwohl sie wirklich nichts Schlimmes gemacht haben, außer ab und an Karten zu spielen. Die meisten Eltern, sogar ihre eigenen, halten sie für die Rädelsführer des Tumults. Johanna und Aische hingegen sind irgendwie fein rausgekommen, weil sie außer der selbst gebastelten Tonvase nichts kaputt gemacht haben – und weil Mädchen manchmal besser wegkommen als Jungen, wenn es irgendwo Ärger gibt.

Auch Felix ist wütend auf Johanna und Aische, denn die ganze Klasse ist jetzt auf ihn sauer. Dabei haben die beiden Mädchen mindestens genauso viel Schuld, findet er.

Viele Kinder und nicht wenige Eltern sind empört, dass die Klassenfahrt für alle ausfallen soll, obwohl ihre Kinder „gar nichts gemacht haben". Täglich beschwert sich jemand bei Direktorin Frostig, aber die bleibt bei ihrer Linie: Mit dieser schwierigen Klasse ist keine große Klassenfahrt möglich. Es gibt also viel zu besprechen.

Benjamin und Mia, die beiden Zwillinge, sind besonders verärgert. Sie waren letzten Montag nämlich noch nicht mal dabei, weil sie krank waren und einen Termin beim Kinderarzt hatten. Der hat aber festgestellt, dass die beiden ab Mittwoch wieder zur Schule gehen könnten, denn ihre schwere Erkältung sei nicht mehr ansteckend. Bei Benjamin und Mia ist immer alles gemeinsam, außer dass sie Junge und Mädchen sind – ansonsten ist bei ihnen alles gleich: Lieblingsessen Spagetti mit Tomatensoße, Lieblingstier Tigerbaby, Schulranzen mit Tigerbabybild, Frisur halblang, über die Ohren und vieles mehr. Auch ihr Ärger über die ausfallende Klassenfahrt.

„So eine Gemeinheit, das ist total ungerecht", schimpft Mia. Und Benjamin pflichtet ihr sogleich bei: „Ja, so eine Gemeinheit. Total ungerecht ist das! Was können wir dafür, wenn Felix in einen Schrank rennt und ein Fenster kaputt macht?"

„Genau, dafür können wir doch nichts! Soll der Felix doch zu Hause bleiben, wenn er den Schrank und das Fenster kaputt gemacht hat", ergänzt Mia und nickt ihrem Zwillingsbruder zu.

„Stimmt, der Felix soll zu Hause bleiben, weil der da ja an allem schuld ist, und wir anderen dürfen in den Erlebnispark."

Die meisten Kinder sehen das genauso. Manche rollen trotzdem mit den Augen, weil sie es immer noch seltsam finden, dass die beiden alles entweder gemeinsam sagen oder nacheinander beinahe genau dasselbe. Nur Fathma und Abdul stört das nicht – im Gegenteil: Wenn alles wiederholt wird, dann verstehen sie es umso besser.

Felix wehrt sich tapfer: „Wenn Aische mich nicht gejagt hätte, wäre ich nirgendwo gegengefallen."

„Das habe ich nur gemacht, weil du Johanna beleidigt hast."

Da platzt dem zappelnden Jungen der Kragen. Ohne sich zu melden, brüllt er: „Johanna ist an allem schuld, nur die. Die hat meine Vase für Frau Ziegler kaputtgeschmissen."

Jetzt mischt sich auch noch Luca ein: „Eigentlich sind doch Herr Burger und Frau Ziegler selbst schuld. Schließlich ist Felix über ihre Wollfäden gestolpert."

„Sei bloß still!", ermahnt ihn Leon und stößt ihn in die Rippen: „Wir haben zu Hause schon genug Ärger."

„Schluss damit, Kinder. So kommen wir nicht weiter", unterbricht Herr Burger den wieder aufflammenden Streit, „das bringt doch nichts, wenn ihr euch gegenseitig die Schuld in die Schuhe schiebt."

Abdul versteht nicht, was das mit Schuhen zu tun hat, und schaut irritiert auf seine Leuchtschuhe. Aber bevor er fragen kann, hat Herr Burger schon seine Klangschale hervorgekramt und fährt fort: „Ich habe eine Aufgabe für euch. Wir sind jetzt mal ein paar Minuten ganz still. Und jede und jeder überlegt für sich: Was ärgert und beschäftigt mich gerade am meisten?"

Herr Burger lässt die Klangschale ertönen – im Religionsunterricht macht er das öfter. Frau Ziegler ist sehr erstaunt, dass das klappt: Die ganze Klasse schweigt und denkt nach, was sie am meisten beschäftigt.

Deutsch lernen, denkt Abdul.

Freundinnen finden, denkt Fathma.

Kein Hausarrest mehr, Magische Monsterkarten spielen, Drachenlooping-Achterbahn, denken Leon und Luca.

Nicht auf eine andere Schule gehen müssen, denkt Clara.

Dass Johanna wieder mit mir spricht, denkt Felix.

Will ich auch so ein schönes Kopftuch tragen wie Fathma?, denkt Aische.

Wir wollen auf Klassenfahrt gehen, denken Mia und Benjamin.

Auf Klassenfahrt gehen wollen die meisten anderen auch. Manche denken auch gar nichts, sondern tun nur so. Sie kichern leise vor sich hin, weil sie es nicht geübt haben, einige Minuten lang einfach nur still zu sein.

Nach drei Minuten beendet Herr Burger die Übung mit drei sanft aufeinanderfolgenden Schlägen an die Klangschale.

Johanna meldet sich als Erste: „Eine zweite Chance. Wie bei Jesus. Ich möchte, dass wir eine zweite Chance bekommen und doch noch gemeinsam auf Klassenfahrt gehen."

Alle anderen nicken zustimmend. Auch wenn sie vielleicht etwas ganz anderes gedacht haben, teilen sie Johannas Wunsch.

Clara erinnert sich: „In der Kommunionvorbereitung haben wir nämlich gelernt, dass Jesus immer verzeiht, wenn man etwas falsch gemacht hat. Zumindest dann, wenn es man bereut und vielleicht sogar gebeichtet hat."

„Gute Idee", findet Leon, „dann geht Felix jetzt zum Beichten. Frau Frostig spielt den lieben Gott und verzeiht ihm und alle dürfen zur Klassenfahrt fahren."

Fathma und Abdul schauen erstaunt. „Entschuldigung, wir haben nicht verstanden, was ist das: beichten?"

Der zappelige Junge meldet sich und antwortet: „Die Katholiken glauben, dass man einfach zum Priester geht, wenn man etwas Böses gemacht hat, und es dem erzählt. Und sie meinen, dann ist wieder alles gut, und man kann bis zum nächsten Mal weiter böse sein."

„So ein Quatsch, wer erzählt dir denn sowas?", regt Johanna sich auf. „Das stimmt doch alles gar nicht!"

„Dann erklär es halt besser, du blöde Besserwisserin", ärgert sich der zappelnde Junge und kippt vor lauter Gezappel fast vom Stuhl.

Herr Burger ermahnt ihn und wendet sich an die Kommunionkinder: „Wer kann Abdul, Fathma, Aische und den anderen Kindern, die nicht bei der Kommunionvorbereitung waren, erklären, was die Beichte ist?"

Alle sind gespannt, auch Frau Ziegler. Klar, Johanna meldet sich sofort. Herr Burger wartet. Clara meldet sich so halb. Aische ist beleidigt – sie wüsste es auch, meldet sich aber nicht, weil sie als Muslimin natürlich nicht bei der Kommunionvorbereitung war.

Herr Burger wartet.

Da meldet sich Felix.

„Dann erzähl du mal, Felix."

Frau Ziegler guckt skeptisch. Herr Burger grinst.

Felix erzählt, was er vor seiner Erstbeichte gelernt hat: „Wenn du etwas falsch gemacht hast, irgendetwas Böses, etwas, was Gott nicht gefällt. Zum Beispiel, wenn du was gestohlen oder jemanden angelogen hast oder ganz gemein warst oder so was …" Er schaut ganz kurz zu Johanna, sieht aber schnell wieder weg und fährt fort: „Dann hast du hinterher oft ein schlechtes Gewissen und es tut dir richtig leid, was du gemacht hast. Manchmal spürst du auch, dass irgendetwas nicht richtig war, weißt aber nicht genau, warum. Dann musst du natürlich länger überlegen und über dein Verhalten nachdenken. In der Beichte kannst du Gott das alles erzählen. Und Gott verzeiht

dir und hilft dir, wenn du versuchst, deinen Fehler wieder gutzumachen."

„Und wozu braucht man da einen Priester?", fragt Benjamin.

„Genau, was ist mit dem Priester?", ergänzt Mia.

Beide waren nicht bei der Erstkommunion, weil sie evangelische Christen sind und in den evangelischen Religionsunterricht gehen.

Diese Frage kann auch Felix nicht so genau beantworten. Darum erklärt jetzt Herr Burger weiter: „Manchmal hat man das Gefühl, der Kontakt zu Gott ist unterbrochen. Du bist dir vielleicht nicht mehr sicher, ob Gott dir noch zuhört, ob er dir auch wirklich verzeiht. Dann ist es besser, wenn man mit jemandem spricht, der dabei hilft, den Kontakt zu Gott wiederherzustellen. Mit einem Menschen, dem man voll und ganz vertrauen kann und bei dem man sicher ist, dass er es nicht weitererzählt. Ein Priester darf nämlich nichts von dem weitererzählen, was man ihm in der Beichte anvertraut – niemandem. Das nennt man Beichtgeheimnis. Deshalb findet das Gespräch immer an einem Ort statt, wo keiner zuhören kann, in einem ruhigen Zimmer oder bei einem Waldspaziergang oder so. In den katholischen Kirchen steht meist auch ein Beichtstuhl: Darin kann man mit dem Priester sprechen, ohne dass einen jemand sieht oder jemand zuhört. Früher hat man sogar nur im Beichtstuhl gebeichtet."

„Stimmt", erinnert sich Leon, „im Fernsehen habe ich mal gesehen, dass ein Verbrecher in die Kirche zu einem Pfarrer in so eine dunkle Holzkammer gegangen ist und durch ein Gitter gesprochen hat. Deshalb bin ich auch nicht hingegangen, als es vor der Kommunion hieß, dass wir beichten sollten. Ich bin doch kein Verbrecher!"

„Was macht der Priester denn mit einem, wenn man bei ihm beichtet?", fragt Mia ein wenig ängstlich.

„Er hört dir zu und gibt dir vielleicht ein paar Tipps, wie du in Zukunft besser mit Gott in Kontakt bleiben kannst. Zum Abschluss des Gesprächs sagt er:
So spreche ich dich los von deinen Sünden
im Namen des Vaters und des Sohnes
und des Heiligen Geistes.

„Und woher weiß der Priester, dass er das darf? Verzeihen kann doch nur Gott?", fragt Aische skeptisch.
„Das glauben wir Christen auch, Aische. Aus unserer Heiligen Schrift, der Bibel, wissen wir, dass Gott uns lieb hat und uns verzeiht und uns unterstützt, wenn wir uns ehrlich bessern wollen. Im Johannesevangelium steht, dass seine Auserwählten den Heiligen Geist Gottes empfangen haben. Wen sie mit Gott verbinden, der ist mit Gott verbunden."

„Wow", staunt Leon, „das klingt ja geheimnisvoll."
„Stimmt", findet Luca, „so geheimnisvoll, dass ich es nicht verstehen kann. Benjamin und Mia, habt ihr das verstanden?"
Beide schütteln verlegen mit dem Kopf. „Das kann man auch nur verstehen, wenn man es glaubt", beendet Frau Ziegler das Thema. „Aber wir haben jetzt nicht Religionsunterricht, sondern Klassenlehrerstunde. Also, wie geht es weiter?"
Mia möchte aber doch noch etwas wissen: „Was hat man davon, wenn man beichtet?"
„Eben", ergänzt Benjamin, „was bringt das?"

„Sag du mal, Johanna", fordert Herr Burger Johanna auf, weil er sie ja eben schon übergangen hat. Johanna findet die Frage doof. Eine richtige Antwort fällt ihr auch nicht gleich ein, dafür aber ein Lied, das sie oft in der Kirche singen. Leise summt sie die Melodie vor sich hin. In der Klasse wird es plötzlich ganz still. Alle hören zu. Clara nickt mit dem Kopf und stimmt mit ein und auch die anderen Kommunionkinder der Klasse singen nach und nach mit:

Wie ein Fest nach langer Trauer,
wie ein Feuer in der Nacht.
Ein off'nes Tor in einer Mauer,
für die Sonne aufgemacht.

Wie ein Brief nach langem Schweigen,
wie ein unverhoffter Gruß.
Wie ein Blatt an toten Zweigen,
ein Ich-mag-dich-trotzdem-Kuss.

So ist Versöhnung, so muss der wahre Friede sein.
So ist Versöhnung, so ist Vergeben und Verzeih'n.

Auch nach dem Lied ist es für einen Moment ganz ruhig in der Klasse. Clara muss ein bisschen weinen und weiß gar nicht, warum. Nicht nur Frau Ziegler ist schwer beeindruckt.

Johanna spricht aus, was viele denken: „Vielleicht kriegt die Klasse ja eine zweite Chance von Frau Frostig, wenn wir uns ernsthaft entschuldigen und versprechen, uns ab jetzt immer zu benehmen und den Schaden wiedergutzumachen?"
„Das klappt nie und nimmer", fürchtet Felix. „Weißt du, was so eine riesige Fensterscheibe kostet? Und das Regal? Und dann noch der Kran und das Gerüst für die Fenster-bauer? Mindestens zehntausend Euro, hat Frau Frostig gesagt. So viel Geld habe ich gar nicht – und meine Mutter auch nicht."
„Vielleicht könnten wir einen Kuchenverkauf in der großen Pause machen", schlägt Mia vor.
„Oder wir nehmen ein bisschen Geld aus unserer Klassen-kasse", meint Benjamin.
„Leute, zehntausend Euro, das ist eine Zehn mit drei Nullen hintendran! Also in der Klassenkasse haben wir bestimmt nicht so viel Geld, dazu müssten wir schon eine Bank ausrauben", holt Leon die anderen wieder auf den Boden.
„Das wäre dann aber keine gute Tat", grinst Luca.
„Macht euch mal um das Geld keine zu großen Sorgen", beruhigt Frau Ziegler. „Für den Schaden kommt wohl die Versicherung auf. Viel schwerer dürfte es euch fallen, uns Lehrerinnen und Lehrer und Frau Frostig davon zu überzeugen, dass ihr euch anständig benehmen könnt und nicht nur Blödsinn im Kopf habt."
Benjamin hat eine Idee: „Wir könnten doch jeden Tag etwas Gutes tun."
„Ja", ergänzt Mia: „Jeden Tag eine gute Tat!"
„Und was könnte das sein?", fragt Herr Burger.

„Sehr gute Idee, Mia und Benjamin", jubelt Frau Ziegler, noch bevor jemand nachdenken oder gar antworten kann. Stolz zaubert sie aus ihrem Methodenkoffer kleine gelbe Smiley-Magnete, einen riesigen Stapel hübsch zugeschnittener, farbiger Papierwölkchen und dicke Filzstifte hervor.
„Ihr überlegt euch jetzt gute Taten. Und ich frage Frau Frostig, ob sie ein paar Minuten Zeit hat, sich eure Ergebnisse anzuschauen. Und dann werden wir ja sehen, wie sie reagiert."
„Bestimmt nicht so barmherzig wie Allah", flüstert Aische zu Fathma, die sich freut, dass Aische sie anspricht und ihr freundlich zulächelt.

Die Begeisterung in der Klasse über Frau Zieglers Vorschlag hält sich in Grenzen, aber das bekommt sie gar nicht mehr mit, da sie schon unterwegs zur Direktorin ist. Weil Herr Burger noch im Zimmer sitzt und besonders streng in die Runde zu schauen versucht, herrscht einigermaßen geschäftige Ruhe.
Leon und Luca trauern ihren gefangen genommenen Magischen Monsterkarten hinterher, die sie in solchen Momenten normalerweise auspacken würden. Stattdessen basteln sie eben kleine Papierflieger, mit denen sie sich unbemerkt bewerfen, wenn Herr Burger gerade woanders hinschaut.
Clara kaut auf ihrem Stift rum. Sie muss eigentlich aufs Klo und malt kleine Vögel aufs Papier. In jede bunte Wolke ein anderes.
Felix beißt heimlich unter dem Tisch in sein Pausenbrot. Wenn er Hunger hat, fallen ihm keine guten Taten ein. Immer, wenn Herr Burger guckt, kritzelt er einfach irgendwas.
Der meist zappelnde Junge hingegen ist ganz eifrig und schreibt eine Papierwolke nach der anderen voll.

Fathma und Abdul haben sich von Aische nochmal den Arbeitsauftrag erklären lassen, und weil sie noch nicht so gut auf Deutsch schreiben können, sagen sie ihre Vorschläge Aische, die sie dann aufschreibt.

Als niemand mehr schreibt oder bastelt oder malt oder so tut, als würde er schreiben, sammelt Herr Burger die Papierstreifen ein. Sichtlich zufrieden über die Fülle, heftet er die Streifen mit den gelben Magnetsmileys an die Tafel. Schon klopft es kurz und heftig: Frau Frostig kommt mit Frau Ziegler im Schlepptau durch die Tür stolziert. Auf ein hektisches Zeichen von Frau Ziegler, hinter dem Rücken von Frau Frostig, erheben sich die Kinder zögerlich von ihren Plätzen. Herr Burger versteht nicht ganz, was das geben soll, und steht einfach mal mit auf. Frau Ziegler dirigiert mit den Armen und formt mit den Lippen stumm die Worte „Gu-ten Mor-gen, Frau Fro-stig".

Die Schüler und Herr Burger murmeln im Chor mit.
Fragend schaut Frau Ziegler Herrn Burger an und nickt dabei zwinkernd zur Tafel mit den Papierstreifen. Ohne seine Reaktion abzuwarten, wendet sie sich mit feierlichem Tonfall an die Direktorin: „Sehr geehrte Frau Frostig. Die Klasse 3 b möchte sich in aller Form für ihr schlechtes Benehmen in letzter Zeit entschuldigen. Nach einer intensiven Auseinandersetzung im Unterricht haben die Schülerinnen und

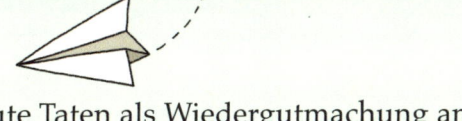

Schüler einige gute Taten als Wiedergutmachung an der Tafel gesammelt."

Herrn Burger ist anzusehen, dass er auf diese großspurige Ankündigung lieber verzichtet hätte. Zu spät. Aufmerksam studiert Frau Frostig bereits die angehefteten bunten Papierstreifen. Ihr anfängliches Lächeln friert dabei zusehends ein. Was sie da an bunten Gute-Taten-Vorschlägen zu sehen und zu lesen bekommt, ist nicht besonders ruhmreich: „Einmal Tafel putzen."

„Pausenbrot aufessen."

„Frau Frostig nicht immer die Zunge rausstrecken, wenn sie sich rumdreht."

„Immer aufzeigen, wenn man was sagen will."

„Nur schlagen, wenn der andere es verdient hat."

„Nicht zappeln."

„Kevin ist doof."

„Selber doof!"

Und so weiter.

Außerdem sind da noch auseinandergefaltete Papierflieger und etliche Zettel mit Gekritzel und Blumenmustern. Und schließlich auf Arabisch und darunter in fehlerfreier Aische-Schönschrift: „Fahrt nach Mekka".

Frau Frostig schüttelt den Kopf: „So geht das nicht. Ihr habt euch in letzter Zeit besonders schlecht verhalten. So schlecht, dass die ganze Schulgemeinschaft davon betroffen ist. Wenn ihr das wiedergutmachen wollt, dann erwarte ich keinen Blödsinn oder irgendwelche Selbstverständlichkeiten. Sondern bedeutsame gute Taten, die anderen Menschen und dem Ansehen der Schule zugutekommen. Ich gebe euch genau zwei Wochen Zeit, dann erwarte ich Ergebnisse. Die Klassenfahrt bleibt so lange weiterhin gestrichen."

Abschließend beugt sie sich kurz zu Aische, Fathma und Abdul:

„Ich sagte: keine Fahrt mit der Klasse. Schon gar nicht nach Mekka. Verstanden?"

Alle nicken brav, sogar Frau Ziegler und Herr Burger. Trotz größter Anstrengung schaffen es Leon und Luca nicht, Frau Frostig keine Monster-grimassen zu schneiden und ihr nicht die Zunge rauszustrecken, als sie den Raum verlässt.

Sichtlich enttäuscht von ihrer Klasse nimmt Frau Ziegler die angehefteten Vorschläge von der Tafel. Mit einem tiefen Seufzer zerreißt sie das große unnütze Bündel und wirft es in den Papierkorb. Dann sammelt sie die Filzstifte ein und sortiert sie zusammen mit den übrig gebliebenen farbigen Papierstreifen und den gelben Smiley-Magneten wieder in ihren Methodenkoffer.

„Immerhin gibt es eine zweite Chance", macht Herr Burger ihnen Mut. „Ihr habt zwei Wochen Zeit zu zeigen, ob ihr es ernst meint mit eurer Wiedergutmachung."

„Können wir uns auch zu Hause zusammen was überlegen?", fragt Benjamin und denkt dabei an seine Zwillingsschwester Mia.

„Um Himmels willen!", kreischt Frau Ziegler, unterbricht ihr Einsortieren und denkt dabei an Leon und Luca.

„Eine gute Idee!", findet Herr Burger und zwinkert Frau Ziegler zu, die daraufhin vorsichtshalber ganz schnell ihren Koffer zugeklappt. Dann schreibt er die Namen der Kinder an die Tafel.

„Was macht er denn da?", tuscheln ein paar Mädchen.

Herr Burger teilt die Kinder in Gruppen ein, die auf Anhieb so gar nicht miteinander können. Und dann folgt der Auftrag: „Bis nächste Woche trefft ihr euch zum ersten Mal in genau diesen Teams. Und in zwei Wochen wird geliefert!"

Noch bevor die Klasse protestieren kann, ist die Stunde zu Ende und beide Lehrer fliehen in die Pause.

SCHWIERIGKEITEN

Auf dem Weg von der Schule nach Hause ist Felix ziemlich mulmig zumute. Johanna begleitet jetzt lieber Aische und Clara auf ihrem Heimweg, obwohl das ein Umweg für sie ist. So hat er Zeit, um alleine nachzudenken. Er würde lieber mit Johanna zusammen über den Schultag nachdenken, aber das geht ja nun nicht mehr. Außerdem ist sie in einem anderen Team als er. In einer Mädchengruppe, zusammen mit Aische, Clara und Mia. Denen fällt bestimmt irgendeine besonders gute Tat ein. Im Zweifel hilft ihnen Johannas Mutter, das ist ja deren Beruf.

Felix fühlt sich verantwortlich, schließlich trägt er die Hauptschuld an dem ganzen Ärger. Die Sache darf nicht scheitern. Irgendwie muss er es hinkriegen, dass alles wieder gut wird: das mit der Klassenfahrt, das mit Johanna, das mit den Sorgen seiner traurigen Mama. Nachdem Frau Ziegler angerufen hatte, hat seine Mutter erst ein wenig geschimpft und dann ganz viel geweint, weil sie einfach nicht mehr kann, wie sie sagt. Seine Schwester Sandra ist erst gar nicht mehr aus ihrem Zimmer rausgekommen, sondern gleich an ihrem Handy geblieben. Er hat dann das immer noch ungespielte Spiel wieder in die Schachtel geräumt und ist ins Bett gegangen. Da musste er dann auch weinen. Irgendwann kam seine Mutter und hat ihn in den Arm genommen und ihm ins Ohr geflüstert, dass sie ihn lieb habe und dass sie das gemeinsam schon schaffen würden.

Jetzt hat er ja eine Chance bekommen, alles wiedergutzumachen.

Herr Burger hat das wirklich gut gemacht heute.

Nur die Gruppeneinteilung nicht, diese bescheuerte

Gruppeneinteilung. Irgendwie hat Felix kein gutes Gefühl bei der ganzen Sache.

Weit hinter ihm müssten eigentlich noch Leon und Luca laufen. Die beiden sind immer die Letzten. Als er stehenbleibt und sich nach ihnen umschaut, bleiben sie auch stehen und tuscheln geheimnisvoll miteinander. Felix' Bauchgefühl hat meistens recht.

***

Leon und Luca finden Felix eigentlich ganz in Ordnung. Früher, als sie noch klein waren, hatten sie zusammen sogar mal zu dritt eine Bande. Mit einem richtigen Geheimversteck auf einer Piraten-insel. Aber seit dem Tod seines Vaters hat Felix keine Lust mehr auf Abenteuer und Streiche und Raufe-reien mit den Nachbarskindern. Felix ist seitdem irgendwie uncool geworden, finden Leon und Luca. Immerhin ist er der Beste im Fußball.

Und das heißt schon was. Leon und Luca sind auch ganz gut im Fußball, aber wie ihre Väter schauen sie eigentlich lieber Bundesligaspiele im Fernsehen als selbst regelmäßig zu trainieren – vor allem wenn es regnet. Mit Felix zusammen würde ihnen schon irgendetwas einfallen, um doch noch irgendwie zum Erlebnisfreizeitpark mit der Drachenloopingachterbahn zu kommen.

Aber dieser kindische Benjamin – der geht wirklich gar nicht. Der wäre doch sowieso am liebsten nur mit seiner Zwillingsschwester Mia in einer Gruppe – und umgekehrt. Die beiden spielen auch immer nur zusammen – am liebsten mit ihren Plastikfigürchen im Sandkasten. Jeder Rauferei geht Benjamin aus dem Weg. So ein Feigling, so ein Hänfling! Warum um alles in der Welt hat der neue

Religionslehrer dieses Weichei in ihre Gruppe geschrieben? Darf der das überhaupt?

Noch schlimmer finden Leon und Luca, dass sie mit diesem fremden Abdul zusammen in einer Gruppe sind. Der kann gar nicht richtig Deutsch, obwohl er doch viel älter ist als sie – mindestens zwei Jahre. Wenn er wenigstens gut Kicken könnte, wie die anderen Ausländer, zum Beispiel die in ihrem Lieblingsbundesligaverein, aber das kann er auch nicht. Der kann wahrscheinlich nicht mal schwimmen. In den Nachrichten hört man ja immer wieder, dass viele Flüchtlinge im Meer ertrunken sind. Außerdem guckt er immer so seltsam, wenn die Lehrer was sagen. Und dann diese bescheuerten blinkenden Angeberschuhe, die waren vielleicht vor drei Jahren mal cool. Am allerschlimmsten aber ist, da sind Leon und Luca sich völlig einig: Dieser Abdul ist wahrscheinlich auch stärker als sie beide zusammen. Das hat Leon berechnet, als er in der Sportumkleide Abduls Armmuskeln gesehen hat. Man könnte ihm also nicht mal ordentlich mit Prügel drohen, wenn es drauf ankommt. Schneller ist er wahrscheinlich auch noch – man könnte nicht mal schnell genug abhauen, wenn er einen bedroht. Auch das hat Leon vorsichtshalber schon mal berechnet.

Am liebsten würden sie den Hänfling Benjamin und den Flüchtling Abdul aus ihrer Gruppe ausschließen. Aber wie?, fragt sich Luca – Aber warum eigentlich?, fragt sich Leon. Beide denken nach.

„Am schnellsten wird man ungebetene Gäste los, indem man sie gar nicht erst reinkommen lässt", plappert Luca ein wenig wichtigtuerisch seinem Vater nach. Sein Vater ist nämlich strikt dagegen, dass weiterhin Flüchtlinge aus fernen Ländern ohne Einreiseerlaubnis nach Deutschland und Europa kommen.

Auch für „Hänflinge" hat Lucas Vater immer einen bösen Spruch auf Lager. Doch der fällt Luca gerade nicht ein. Leon mag Lucas Vater nicht besonders und seine Sprüche auch nicht. Er hat eine bessere Idee: „Ich hab's! Wir machen aus unserer Gruppe ein Superhelden-A-Team. Und wer dazu gehören will, muss eine unheimliche und gefährliche Mutprobe bestehen. Vielleicht kann das die beiden abschrecken?"

Luca ist noch nicht so ganz überzeugt, außerdem fürchtet er sich selbst ein wenig vor gefährlichen Mutproben, aber das mag er jetzt lieber nicht zugeben.

„Und wenn sie die Mutprobe bestehen?", fragt er.

„Dann gehören sie eben auch dazu. So ist das nun mal bei echten Profi-Teams", kombiniert Leon und denkt an die vielen Superhelden-filme ab zwölf Jahren, die er schon heimlich abends im Internet geschaut hat, wenn seine Eltern ausge-gangen waren. Da sind auch immer ein paar schräge Typen dabei.

„Hey, Felix!", ruft Leon Felix von hinten zu, der immer noch in Sichtweite vor ihnen her trottet. „Bleib doch mal stehen! Ich und Luca haben gerade eine echt gute Idee. Wir gründen eine neue Bande!"

***

Bei Johannas Eltern findet die Team-Idee für eine gute Tat großen Anklang.

Als Johanna am Abend von der Ministrantenstunde nach Hause kommt, hat ihre Mutter bereits alles organisiert. Beim gemeinsamen Abendessen mit der Familie berichtet sie freudestrahlend von ihren Vorbereitungen: „Also zuerst habe ich Claras Mutter angerufen, die backt uns leckere Schokomuffins. Aisches Eltern waren nicht zu Hause, aber Aische hat mir versichert, dass sie etwas Gebäck beisteuert. Mias Mutter gibt Bioapfelsaft mit. Sie hat gefragt, ob Benjamin auch mitkommen darf, ich habe mal zugesagt, da habt ihr doch nichts dagegen, oder? Mit der Familienhelferin von Fathma habe ich auch schon gesprochen … Jedenfalls kommen alle deine Freundinnen am Sonntag um 15 Uhr zu uns, und dann überlegen wir uns gemeinsam etwas ganz, ganz Tolles. Ich hab auch schon ein wenig mit Mias Mutter zusammen nachgedacht – vielleicht könnte man ja gemeinsam mit der Caritaskonferenz der Gemeinde und der türkischen Moscheegesellschaft …"

„Mamaa!", schreit Johanna dazwischen und springt von ihrem Stuhl auf. Sie hat einen hochroten Kopf, Tränen schießen ihr in die Augen.

„Was schreist du denn so, mein Schatz, ich bin doch noch gar nicht fertig! Freust du dich denn nicht?"

Alle schauen auf Johanna, die vor lauter Empörung kein Wort mehr über die Lippen bekommt und nach Luft schnappt.

„Das ist meine Gruppe, das sind nicht meine Freundinnen, das ist mein Team, mein Auftrag. Das geht dich alles gar nichts an, verstehst du?! Das geht die Erwachsenen überhaupt nichts an", keucht sie verzweifelt und ringt nach Atem.

Ihr Bruder schlägt ihr fürsorglich auf den Rücken, damit sie wieder Luft kriegt.

„Lass mich!", schubst sie seine Hand weg und rennt heulend in ihr Zimmer.

„Was hat sie denn auf einmal?", fragt ihre Mutter besorgt in die Runde, ohne eine Antwort zu erhalten.
Ein gellender Frauenschrei durchbricht das betretene Schweigen. Alle zucken zusammen. Jonas schaltet sein Smartphone auf lautlos und brummt: „Sorry, Leute! Das ist grade wichtig." Damit verlässt er den Abendbrottisch.
„Ich schau mal nach der Wäsche, die müsste jetzt fertig sein", verabschiedet sich Johannas Vater und schleicht sich zur Waschküche in den Keller davon.

AUSBRUCH
IN DIE DUNKELHEIT

Es ist Freitagabend. Die Sonne ist schon fast unterge-
gangen. Als die Kirchturmuhr neunmal schlägt und für die
meisten Kinder der 3 b die Schlafenszeit einläutet, beginnt
für das Superhelden-A-Team die heimlich verabredete
unheimliche und gefährliche Mutprobe.
„Treffpunkt Freitag, 21:30 Uhr, am
hinteren Eingang der Friedhofsmauer.
Wer nicht kommt, bleibt draußen",
hatte Luca mit Geheimtinte aus seinem
Meister-Detektiv-Set auf vier Geheimpa-
pierblätter geschrieben. Weil aber keiner etwas mit dem
weißen Blatt anfangen konnte, musste er die Geheimbot-
schaft nochmals mit Bleistift auf vier andere Zettel
schreiben, versehen mit dem Zusatz: „Diese Botschaft sofort
nach Erhalt vernichten."
Felix brauchte fast eine halbe Musikunterrichtsstunde, um
Abdul hinter vorgehaltener Hand heimlich zu erklären, was
das alles sollte.
Benjamin brauchte doppelt so lange, um seine Zwillingsschwester davon zu überzeugen, ihren Eltern nichts zu
verraten. Außerdem hat es ihn zwei Tüten Fruchtgummis
gekostet, dass er sie nicht mitnehmen muss. Dafür hat Mia
versprochen, die Balkontüre hinter ihm zu verschließen,
wenn er geht. Später, wenn er zurückkommt, wird sie ihm
aufmachen. Ihre Eltern haben heute Abend Gäste zum
Kartenspielen. Vor Mitternacht merken die gar nicht, dass er
fehlt. Und wenn, dann fällt Mia schon was ein.
Benjamin hätte sie liebend gerne mitgenommen. Aber das
geht nun mal nicht, weil Mia leider nicht zum Superhelden-
A-Team eingeteilt wurde. Sie gehört zu einer Mädchengruppe, die sich am Sonntag zu Kaffee und Kuchen trifft.
Aber jetzt ist es soweit.
Benjamin verdrückt sich durch die Balkontüre, klettert über
das Geländer rüber zum Garagendach, lässt sich zur Regen-

tonne runter, duckt sich unter dem Wohnzimmerfenster und huscht über die Straße. Geschafft.
Weiter geht's.

***

Felix kann sich leichter davonstehlen als gedacht.
Das Smartphone seiner großen Schwester hat einen Total-
schaden und seine Mutter ist zum Trost mit ihr ins Kino
gegangen. Vor 23 Uhr werden die beiden nicht wieder-
kommen. Aber dann muss er wieder im Bett liegen, weil
seine Mutter vor dem Schlafengehen immer noch bei ihm
vorbeischaut und ihm einen Gute-Nacht-Kuss auf die Stirn
drückt. Auch dann, wenn er so tut, als ob er schon lange
schläft. Schlüssel nicht vergessen und die Taschenlampe
mitnehmen, man weiß ja nie.

***

Abdul schleicht sich an der Küche mit dem kleinen
Fernseher vorbei, wo Onkel und Tante wie fast jeden Abend
in einem arabischen Nachrichtenkanal besorgt die Gescheh-
nisse in der Heimat verfolgen. Seine Cousine Fathma ist
eingeweiht und schließt leise die Wohnungstür hinter ihm.

***

Leon und Luca spähen durch den Türspalt des kleinen
verlotterten Geräteschuppens. Sie sind im verwilderten
hinteren Teil des Gemeinschaftsgartens in der Reihenhaussiedlung, in der Leon wohnt. Das ist eines ihrer Lieblings-
verstecke. Hier treffen sie sich oft, um heimlich verbotene
alte Gruselmonstercomics mit Zombies, Werwölfen und
Vampiren zu lesen. Die haben sie mal für ein paar Cent
einem älteren Nachbarsjungen abgekauft und im Schuppen
deponiert. Aber bisher waren sie immer nur tagsüber hier …

Jetzt, am Abend, ist es schon ganz von selbst ein bisschen gruselig, auch ohne Comics. Der große Gemeinschaftsgarten grenzt unmittelbar an den alten verwunschenen Park, der sich vom Strandbad den Hang hinauf bis fast zum großen, fest ummauerten Bergfriedhof am äußersten Stadtrand streckt.

Die Aktion ist sensationell gut geplant, findet Leon, der den Plan gemacht hat. Luca hat seinen Eltern gesagt, dass er bei seinem Freund Leon übernachten möchte, wie schon oft. Leons Eltern seien einverstanden. Leon hat seinen Eltern dasselbe gesagt. Also dachten Leons Eltern, Leon würde bei Luca übernachten, und Lucas Eltern dachten, Luca würde bei Leon übernachten. Beide Elternpaare haben ihren Jungen Schlafanzüge, Zahnbürsten, frische Unterwäsche und ein paar Süßigkeiten in den Rucksack gepackt und sich ahnungslos über den unverhofft kindfreien Feierabend gefreut.

Durch die Wohnzimmerfenster der Reihenhäuser kann man hier und da einen Fernseher flimmern sehen, aber dieser hinterste Teil des Gemeinschaftsgartens liegt im Dunkeln. Durch ein leise quietschendes rostiges Gartentor gelangen Leon und Luca in den angrenzenden Park. Die Luft ist rein, kein Mensch und kein Gassi-Hund weit und breit. Trotzdem halten sie sich abseits der spärlich beleuchteten Hauptwege. Geduckt huschen sie, wie Indianer auf dem Kriegspfad, von Busch zu Busch, von Baum zu Baum. So gelangen sie bis zum äußersten Ende des Parks. Vor ihnen erhebt sich ein steiler, dicht bewaldeter Abhang. Nach weiteren fünfzehn Minuten Waldweg auf engen Trampelfaden hangaufwärts und quer durch dorniges Dickicht erreichen sie ihr Ziel: ein kleines unscheinbares Tor in der hinteren Mauer des Friedhofs von Mittelstadt. Inzwischen ist es ganz dunkel. Nur der fahle Mond schimmert manchmal zwischen den Wolken hindurch.

Hier oben ist es totenstill. Luca schnallt erschöpft seinen Rucksack ab und muss vor Aufregung erst mal pinkeln. Leon will beim Tor warten. Luca schlägt sich ein paar Meter entlang der Friedhofsmauer durchs Dickicht. Plötzlich hört er in einiger Entfernung ein Knacksen im Unterholz. Oder bildet er sich das nur ein? Und da, schon wieder. Ganz wohl ist ihm hier jetzt nicht, so alleine. Und schon wieder knackt es. Kein Zweifel: Es nähert sich etwas von links. Entlang der Friedhofsmauer. Etwas Großes, fürchtet Luca.

Er muss an schreckliche Gruselfilme und Gruselcomics denken, die er verbotenerweise schon heimlich angeschaut hat. Panisch dreht er sich nach rechts um und starrt durch das Dickicht zum Friedhofstor, wo Leon auf ihn warten wollte. Aber Luca kann in der Dunkelheit dieses Düster-waldes keinen Leon erkennen. Er wagt auch nicht, ihn zu rufen.

Was soll er denn jetzt machen?

Die Knackgeräusche werden immer lauter und kommen immer näher. Vor ihm ragt die alte Friedhofsmauer auf und gleich hinter ihm klafft der steil abfallende Abgrund. Als er sich kurz umdreht, erspäht er ein paar Meter unter sich ein schauriges rötliches Licht am Hang. Es bewegt sich langsam zu ihm herauf.

Vor ihm die Friedhofsmauer, links wahrscheinlich eine Horde Zombies, rechts kein Leon mehr, und hinter ihm durch das Gebüsch nähert sich gerade vielleicht ein Werwolf mit rotglühenden Augen. Luca dreht sich trotzdem um und presst sich mit dem Rücken an die bemooste Friedhofs-mauer. Sein Atem geht schnell. Am liebsten würde er laut schreien, aber er bringt vor Angst keinen Ton heraus. In seinem Nacken spürt er eine glibbrige Feuchtigkeit. Jetzt krabbelt auch noch eine mittelgroße Spinne über seine Hand den Arm entlang auf seine Schulter.

Gleich wird ihn der Werwolf anspringen.

Jetzt raschelt es lauter im Gebüsch – und Leon kommt zwischen den Blättern hervor. Er hat die Knack-Geräusche

auch gehört und blitzschnell sein Laserschwert aus Plastik gezückt, um seinem Freund in drohender Gefahr beizustehen. Als Leon mit seinem Leuchtschwert auftaucht, entfernen sich die Knackgeräusche entlang der Friedhofsmauer ganz schnell. Leon meint sogar, einen kurzen unterdrückten Schrei gehört zu haben – aber vielleicht ist das auch nur ein Waldkauz gewesen.

Dachte er es sich doch: Wald-Zombies fürchten sich vor den Laserschwertern der Jedi-Ritter. Luca blinzelt und atmet erleichtert auf. Leon reicht ihm seinen Ausrüstungsrucksack an, den er vor dem Tor liegengelassen hat. Alleine hätte Luca sich nicht mehr dorthin getraut. Mit zittriger Hand will er seine Notfallschachtel mit Süßigkeiten auspacken, aber dazu kommt er nicht mehr. In dem Moment, da Leon ihm die Spinne aus dem Haar fegt und etwas Aufmunterndes sagen will, knarzt und knackt es erneut im Wald. Die Schritte, oder was auch immer, kommen also wieder näher. Luca perlt erneut der Angstschweiß von der Stirn. Er will am liebsten laut um Hilfe schreien – aber wer würde sie hören, mitten im Düsterwald? Am nächsten Morgen würden alle Bürger in Mittelstadt wieder erwachen – alle, außer zwei …

„Pst!" Leon legt seinen Zeigefinger vorsorglich auf Lucas Mund. Dann knipst er sein Star-Wars-Leuchtschwert aus, um keine Aufmerksamkeit auf sich zu ziehen. Jetzt ist es wieder ganz still. Man hört auch kein Knacken mehr, sondern ein anderes Geräusch. Auch Leon bekommt es mit der Angst zu tun: Flüstert da jemand? Geisterstimmen? Beratschlagen sich die Zombies, wie sie Luca und ihn am besten einkesseln?

Da blitzt auf einmal unmittelbar unterhalb von ihnen aus dem Gestrüpp ein greller Lichtstrahl auf, sucht und findet seinen Weg durch die Dunkelheit – und trifft die beiden

mitten ins Gesicht. Fünf Kinderschreie gellen durch die Nacht.

Irgendwo in nicht allzu weiter Ferne schlägt ein Hund an.

„Ach, ihr seid das, mein Gott, habt ihr uns einen Schrecken eingejagt", sagt Felix erleichtert. Er zwängt sich durch das Unterholz, schaltet seine Mega-Power-Taschenlampe aus und schiebt sie zurück in seine Tasche.

„Hey, Leon, Luca – habt ihr auch dieses rote Licht gesehen, wie vom Laserschwert eines Jedi-Ritters", schwärmt Benjamin, der überhaupt kein bisschen ängstlich zu sein scheint, als er hinter Felix aus dem Gebüsch stapft.

Und dann taucht auch noch Abdul auf. „Guten Abend", wendet er sich an Leon und Luca, die immer noch zitternd vor Angst und Schrecken an der Friedhofsmauer kleben. „Ist kalt? Brauchen Jacke?", fragt er freundlich und zieht seine schwarze Lederjacke aus.

Leon fängt sich als Erster wieder. „Alles okay, danke! Und – wie seid ihr hergekommen?"

„Ganz einfach: Mit dem Bus! Linie 7. Vom Hauptbahnhof nach Hinterdorf. Letzte Fahrt 21:07 Uhr über Haltestelle Friedrichstraße bei der Schule, Haltestelle Strandbad, Haltestelle Park, Haltestelle Schillerstraße, Haltestelle Friedhof", antwortet Felix cool.

„Und dann wussten wir nicht, wo der Hintereingang ist, und sind einfach immer an der Friedhofsmauer entlanggelaufen", ergänzt Benjamin stolz, weil das nämlich seine Idee war.

„War kein Problem, geht ganz schnell und ganz sauber", grinst Abdul und schaut ein wenig mitleidig auf Leons und Lucas verdreckte und von Dornen zerrissene Hemden und Hosen, was die ganz und gar nicht witzig finden.

Ganz so einfach, wie Felix behauptet, war das Ganze dann aber doch nicht gewesen. Er hatte sich mit Abdul um 20:40 Uhr bei der Schule und mit Benjamin um 21:00 Uhr bei der Bushaltestelle Schillerstraße verabredet, weil die beiden den Weg zum Friedhof nicht kannten. Felix kennt alle

Buslinien und Wege zum Friedhof, sein Papa ist ja da beerdigt.

Der Bus war voll mit lauter Hinterdorflern, die nach Hause wollten. Felix, Benjamin und Abdul sind ganz schnell hinten eingestiegen, damit der Busfahrer sie nicht entdeckt. Glücklicherweise warteten zwei alte Omis an der Haltestelle Friedhof, die ihre Opis auf dem Friedhof besucht haben, sodass der Bus anhalten musste und sie blitzschnell aussteigen konnten, bevor sie jemand ansprach.

„Und wie seid ihr abgehauen, ohne dass eure Eltern das gemerkt haben?", fragt Leon.

Aber Luca will jetzt endlich diesen schrecklichen Ort verlassen. „Kommt, es reicht, wir gehen jetzt endlich", nörgelt er und meint damit eigentlich den schnellsten Weg zurück nach Hause.

„Stimmt, wir müssen uns beeilen, um 22:30 Uhr macht der Friedhofswärter mit dem riesigen Schäferhund seine letzte Runde. Weiter hinten ist die Mauer etwas niedriger, da können wir uns gegenseitig eine Räuberleiter machen. Und zum Schluss kann Abdul Benjamin hochziehen. Der ist ja ganz leicht."

Das hat Luca gerade noch gefehlt: Über eine meterhohe Mauer klettern, hinter der ein bleicher Totengräber und ein dreiköpfiger Höllenhund lauern. Als er anfängt zu wimmern, stößt Leon ihn im Vorbeigehen in die Seite und flüstert: „Los jetzt, das ist schließlich eine Mutprobe."

„Fragt sich nur, für wen", stöhnt Luca und trottet ängstlich hinterher, um nicht auch noch den Anschluss an die Gruppe zu verpassen und am Ende mutterseelenallein im Wald zu stehen.

Auf der Mauer bietet sich dem Superhelden-A-Team ein schaurig-schöner Ausblick über die Friedhofsanlage: Ein kühler Wind, der sanft die hohen alten Bäume wiegt. Vorbeiziehende Wolken, die ab und an dem Mond freie Sicht gewähren. Das weitläufige hügelige Gelände ist übersät mit einer Vielzahl flackernder roter und weißer

Grablichter. Abdul war zuvor noch nie auf einem christlich geprägten Friedhof. Er ist sehr beeindruckt. Es ist wirklich ein friedlicher Ort. Selbst Luca vergisst für einen kurzen Augenblick seine Angst.

DIE MUTPROBE

Sie klettern über die Einfriedung und folgen dann fast andächtig Felix, der sich hier bestens auszukennen scheint. Er führt sie vorbei an ganz unterschiedlichen Grabfeldern: an uralten Grabstätten mit halb verfallenen Grabsteinen und abblätternden Kreuzen, zwischen modernen, kunstvoll gestalteten Gemeinschaftsanlagen hindurch, hinüber zu den Schmetterlingsgräbern mit bunten Wimpeln, Windrädern, Kuscheltieren und Spielsachen. Dort sind die für das Leben zu früh geborenen und die zu früh gestorbenen Kinder bestattet. Benjamin hat gerade im Mondschein ein Grab mit kleinen Feen entdeckt, wie Mia sie hat. Jetzt beginnt es die Kinder doch wieder ein wenig zu gruseln. Felix zieht Benjamin behutsam von dem Mädchengrab mit den Feenfiguren weg. „Mach dir keine Sorgen, Benjamin. Deine Schwester Mia liegt lebendig in ihrem Bett und freut sich, wenn du gleich wiederkommst und ihr von unserem Ausflug erzählst."

Dann beschleunigt er seinen Schritt und geht zielstrebig im Zickzack auf schmalen Kieswegen durch ein neueres Gräberfeld. Die anderen folgen ihm, ohne sich noch einmal nach den Kindergräbern umzuschauen. Vor einem gut gepflegten Grab mit einem halb heruntergebrannten roten Grablicht und einem schlichten Holzkreuz macht er Halt. Die anderen Kinder ahnen schon, wer hier begraben liegt, und halten ein wenig Abstand.

„Hey Papa", flüstert Felix in sich hinein und Tränen treten ihm in die Augen. Aus seiner Tasche holt er ein neues rotes Grablicht, entzündet es am alten und stellt das halb heruntergebrannte Licht ein paar Meter weiter auf ein ziemlich verwahrlostes Grab ohne Licht. Das macht er immer so. Dahinten liegt ein Mann begraben, der genauso alt war wie sein Papa, als er gestorben ist. Aber den kommt nie jemand besuchen. Vielleicht mochte ihn keiner.

Abdul tritt näher an das Grab von Felix' Vater heran. Wäre es nicht so dunkel und könnte man sein Gesicht besser sehen, würde man die Tränen bemerken. „Mein Vater und viele liebe Onkel und Tanten und Brüder und Schwester sind auch tot."

„Oh, das tut mir leid. Sind sie auch auf einem Friedhof begraben? Gehst du sie da manchmal besuchen?", fragt Felix behutsam nach.

Abdul schüttelt den Kopf und wechselt rasch das Thema. Er kennt keine Grabkerzen und möchte wissen, was sie bedeuten.

„Das ist wegen der Seelen", erklärt Felix. „Wir erinnern uns an die Toten und hoffen, dass sie auferstehen und bei Gott wohnen."

„Das hoffe ich auch", sagt Abdul mit bewegter Stimme. „Aber wo sind sie jetzt? Wenn sie kein Grab haben? Da, wo sie gestorben sind?" In Abduls Stimme schwingt eine Mischung aus Wut, Angst und tiefer Traurigkeit mit. Felix glaubt eigentlich nicht, dass sein Vater dort unten vor ihm in einer Kiste liegt und darauf wartet, dass er aufersteht. Aber wo ist er dann?

Eine ganze Weile schweigen alle und betrachten das flackernde Grablicht. „Ich glaube, die Toten sind auf dem Weg. Unterwegs auf dem Weg zu Gott. Wo und wie genau man aufersteht, weiß kein Mensch, das steht ja nicht mal in der Bibel."

„O Gott!", wimmert Luca, der mit Benjamin und Leon etwas abseits steht und die beiden ganz wild am Ärmel zupft. „Da, da hinten. Da ist schon einer aufgestanden!"

Dort, wohin Luca zeigt Luca, sind neben einem frisch ausgehobenen Grab die Umrisse eines Erdhaufens zu erkennen. Luca hat schon länger das Gefühl gehabt, dass sie nicht alleine hier oben sind, sich aber nicht getraut, etwas zu sagen.

„Ja, jetzt sehe ich es auch", stimmt Leon zu und krallt vor Angst seine Finger in Benjamins Arm.

Benjamin kann sich trotz der Schmerzen im Arm ein Grinsen nicht verkneifen. Luca und Leon sind heute irgendwie ziemlich uncool. „Nein, da kommt keine Leiche raus, sondern erst noch eine rein", lacht er sie aus.

„Und wer oder was bewegt sich dann dahinter und kommt jetzt direkt auf uns zu, du Blödmann?", raunt Leon zurück, lässt Benjamins Arm los und zückt zum zweiten Mal heute Abend sein Star-Wars-Laserschwert.

Abdul und Felix drehen sich jetzt auch um. Irgendetwas stimmt hier nicht. Die fünf Jungen rücken eng zusammen. Fest entschlossen, nicht schreiend davonzulaufen, sehen sie der Bedrohung entgegen.

Gleich wird der Wind die große dunkle Wolke vertreiben und das Mondlicht für Klarheit sorgen.

„Ganz schön mutig, hier nachts auf dem Friedhof herumzustromern", brummt ihnen eine dunkle Grabesstimme entgegen. Leon schaltet sein Laserschwert an, knipst es aber sofort wieder aus, als er das grimmige Knurren eines großen Hundes hört.

Vor ihnen steht ein ziemlich gebeugter älterer Herr, der sich auf einen Spazierstock stützt und mit der anderen Hand einen kräftigen Schäferhund an der Leine hält. Er beugt sich ein wenig vor und nimmt Felix kritisch in den Blick.

„Sag mal, dich kenn ich doch, du bist doch öfter hier?"
„Guten Abend, Herr Gruber", antwortet Felix verlegen, „ich wollte nur meiner neuen Bande den schönen Friedhof und das Grab meines Vaters zeigen."
„Um diese Zeit?", wundert sich Herr Gruber. „Dass eure Eltern so was erlauben, das hätte es früher nicht gegeben." Betreten schauen die Kinder zu Boden und würden am liebsten darin versinken. Nicht auszudenken, was passieren würde, wenn ihre Eltern von ihrer Mutprobe erfahren. Leon denkt nicht an seine Eltern, sondern ans Abhauen.
„Aha, so ist das also, hab ich schon vermutet", grummelt der Alte, als habe er ihre Gedanken gelesen. „Nun ja, wenn ihr jetzt schon mal hier seid, können Wotan und ich euch ja noch ein wenig begleiten. Wir sind hier sozusagen zu Hause und machen gerade unsere letzte Abendrunde." Und nach einer kleinen Pause fügt er noch etwas hinzu, was den Jungen eine Gänsehaut über den Rücken jagt: „… bevor wir uns alle besser zurückziehen", raunt er geheimnisvoll und bleckt seine blendend weiße Zahnprothese.
Luca zuckt bei dem Anblick zusammen und muss sofort an Vampirgeschichten denken. „Zurückziehen?"
Wahrscheinlich erst Abendessen, Zähne putzen und dann zurück in den Sarg und Deckel zu, bevor die Sonne aufgeht.
„Vielen Dank, Herr Gruber, aber das ist doch nicht nötig, dass sie uns ihre Zeit opfern", versucht Felix die unangenehme Situation zu retten. „Wir kommen schon zurecht und wollten ohnehin gerade gehen, stimmt's? Auf geht's Freunde, ist ja schon spät." Dabei macht er eine kurze Kopfbewegung in die Richtung, aus der sie gekommen sind.
Leon nickt und klopft Benjamin auf die Schulter. Luca ist erleichtert, fasst nach Abduls Hand und will ihn schon mit sich fortziehen.
Sofort streckt Wotan den Kopf vor, knurrt bedrohlich und fletscht seine spitzen Zähnen. Keiner rührt sich mehr.

„Ruhig, Wotan, ruhig. Du erschreckst unsere kleinen Gäste. Keine Angst, Kinder", grinst der Alte, „Wotan gibt nur zu bedenken, dass ihr euch vielleicht verlauft und in der Dunkelheit den Ausgang nicht mehr finden könntet."
Felix nickt brav und stammelt: „Okay, okay, wir bleiben, war nur so eine Idee. Schön, dass Sie uns zum Ausgang begleiten."
„Eine gute Entscheidung, glaubt mir. Hier geht's lang", sagt Herr Gruber zufrieden. Er dirigiert das schlotternde Super-helden-A-Team mit seinem Gehstock zum Hauptweg und humpelt voraus. Wotan hat sich auch abgeregt und trottet jetzt treu neben seinem alten Herrchen her.
„Von hinten sieht er gar nicht mehr ganz so unheimlich aus", flüstert Benjamin Leon zu.
„Du hast recht, ich habe auch eher Angst vor dem Hund", antwortet Leon.
Luca nickt heftig.
„Woher kennst du den Mann, Felix?", fragt Abdul.
„So richtig kenne ich ihn nicht. Ich weiß nur, dass er der Friedhofswärter ist.
Meine Mutter sagt, er ist ein bisschen seltsam, aber eigentlich ganz nett. Und er kennt hier fast jedes Grab."
Da dreht sich der Alte um: „Wenn ihr etwas wissen wollt, müsst ihr lauter sprechen. Wotan und ich hören nicht mehr so gut."
Nach einigen Minuten kommen sie an einem hohen Metallzaun vorbei. Gewissenhaft prüft Herr Gruber, ob das Tor abgeschlossen ist. „Hinter dem Zaun liegen die jüdischen Gräber. Herr Liebermann in der vierten Reihe bekommt besonders viel Besuch. Das sieht man an den vielen kleinen Steinen auf seinem Grabstein. Wenn Juden ihre Gräber besuchen, legen sie nämlich oft einen kleinen Stein als Gruß für den Verstorbenen auf das Grab", erklärt er.

Jetzt wirkt Herr Gruber auch gar nicht mehr wie ein Vampir.
Eher wie ein alter Lehrer, der mit seinen Schulkindern einen
Lerngang macht.
Luca gruselt es trotzdem. Ihm ist kalt und er möchte endlich
nach Hause.
Benjamin findet das alles sehr interessant. Er fragt Herrn
Gruber, ob es in Deutschland viele Juden gibt. Sein
Vater hat ihm nämlich mal erzählt, dass die
Deutschen vor vielen Jahren alle Juden verfolgt und
getötet haben. Wer überleben wollte, musste fliehen.
„Das stimmt leider. Dennoch sind einige jüdische
Familien nach dem Ende der bösen Herrschaft der
Nazis wieder zurückgekehrt", antwortet der alte
Friedhofswärter.
„Warum?", möchte Abdul wissen, der sehr gut
zugehört und fast alles verstanden hat. Seine
Familie ist ja auch vor dem Krieg und dem bösen
Terror in ihrem Land geflohen.
„Das ist gar nicht so leicht zu beantworten", grübelt
Herr Gruber und wird sehr ernst.
„Wahrscheinlich, weil Deutschland einfach ihre
Heimat ist."
„Entschuldigung, ich verstehe nicht, was ist ‚Heimat'?",
hakt Abdul nach.
„Heimat ist da, wo man sich am meisten zu Hause fühlt,
auch wenn dort Schlimmes passiert ist."

***

„Können wir jetzt auch bitte nach Hause gehen?", unterbricht Felix. „Meine Mama macht sich sonst große Sorgen."
Leon und Luca stimmen ihm zu. Sie haben keine Lust mehr
auf Gräber und Tote und Erklärungen.

Herr Gruber nickt verständnisvoll. „Wir sind gleich am Hauptausgang. Jetzt kommen nur noch die Grabanlagen für die Kriegsgefallenen aus den beiden Weltkriegen."
Abdul scheint kein bisschen müde zu sein. Der alte Mann beeindruckt ihn sehr. Zu Hause im Irak gibt es auch viele kluge alte Männer und man hat großen Respekt vor ihnen. Die meisten von ihnen sind im Irak geblieben.

Abduls Großvater hat immer gesagt: „Die Anstrengungen der Flucht würde ich nicht überleben." Er lebt immer noch im Irak. Abduls Opa im Irak, sein Onkel und seine Tante sind die einzigen Erwachsenen aus Abduls Familie, die noch leben. Kurz vor dem Ausgang sehen sie noch ein großes Denkmal. Auf Abduls Frage erklärt Herr Gruber: „Dieses Denkmal erinnert an die vielen Toten, die im Krieg oder auf der Flucht gestorben sind und die kein Grab haben, weil man sie nie gefunden hat."
„Das ist schön!", schluchzt Abdul.
Luca und Leon wundern sich, was man an so einem alten Denkmal mit ein paar vermoosten, in den Stein gehauenen Erinnerungsworten schön finden kann, aber das ist jetzt auch egal: Da hinten scheint der Ausgang zu sein. Man erkennt schon den Lichtschein der Straßenlaterne, die zum Parkplatz gehört.
Ob so spät wohl noch ein Bus in die Stadt fährt?, fragt sich Benjamin.

Auch die anderen beginnen darüber nachzudenken, wie es jetzt wohl weitergehen wird. Welchen Rückweg sollen sie nehmen? – Bloß nicht zurück durch den Friedhof! – Herr Gruber scheint wirklich Gedanken lesen zu können: „Auf dem Parkplatz vor dem Haus gegenüber steht mein Kastenwagen. Wartet dort auf mich. Ich lasse Wotan ins Haus und fahre euch dann runter in die Stadt. Den Rest müsst ihr selber hinkriegen, bevor eure Eltern doch noch merken, dass ihr ausgebüxt seid. Aber für mutige Superhelden ist das bestimmt kein Problem nach dem, was ihr heute Abend alles erlebt habt."

Luca ist erleichtert: Das Hundeungeheuer wird ins Haus gesperrt und eine Art Totengräberkutsche wird sie in die Stadt bringen.

Benjamin und Felix überlegen, ob sie noch rechtzeitig und unbemerkt zurück in ihre Betten kommen.

Abdul denkt jetzt schon über all das nach, was er heute erlebt und erfahren hat, bis er erstaunt bemerkt, dass der coole Luca immer noch an seiner Hand klebt. Darüber muss er ein bisschen lächeln.

Leon bemerkt vor lauter Aufregung erst jetzt mit Schrecken einen Fehler in seinem Plan: Wo sollen er und Luca heute Nacht schlafen? Lucas Eltern denken doch, dass Luca bei Leon übernachtet, und Leons Eltern denken, dass Leon bei Luca bleibt. Vielleicht nimmt Herr Gruber sie beide ja für eine Nacht bei sich auf?

ABER PSST ...
ÜBERRASCHUNG!

Es ist Sonntagmorgen, kurz vor 10 Uhr. In der Pfarrkirche Heilig Geist in Mittelstadt gäbe es noch genügend Platz für mehr Menschen, die Gottesdienst feiern möchten. Aber das möchten wohl viele gar nicht. Johanna ist offenbar die Einzige aus ihrer Kommuniongruppe, die auch nach der feierlichen Erstkommunion im Gottesdienst sitzt. Dabei sind sie doch jeden Sonntag alle eingeladen zum Fest des Glaubens.

Dahinten sitzt noch Lea aus der Parallelklasse zusammen mit ihrer Oma. Wahrscheinlich muss die mit, denkt Johanna. Johanna muss nicht, sie geht gerne in die Kirche, mit oder ohne Gottesdienst, obwohl ihre Mutter ja hier als Gemeindereferentin arbeitet. Vielleicht auch, *weil* ihre Mutter hier arbeitet und ihr alles ganz vertraut ist. Ihr großer Bruder und ihr Vater müssen auch nicht. Ihr Vater kommt nur noch,

wenn er nicht kochen muss. Aber ausgerechnet sonntags kocht er besonders gerne. Ihr großer Bruder kommt nur noch, wenn er ministriert. Johanna möchte jetzt auch endlich Ministrantin werden. In ihrer Gemeinde ist das erst nach der Erstkommunion üblich.

Alle stehen auf und machen sich ein kleines Kreuzzeichen auf die Stirn, auf den Mund und auf die Brust – damit sie ganz offen sind für das, was Jesus ihnen sagen möchte. Pfarrer Devi steht hinter dem Ambo. Er liest das Evangelium und dann seine Predigt vor. Johanna mag Pfarrer Devi, weil er immer alle ganz freundlich anlächelt. Obwohl er erst seit kurzer Zeit aus Indien nach Deutschland gekommen ist, spricht er schon sehr gut Deutsch, findet ihre Mutter. Johanna kann ihn trotzdem kaum verstehen, wenn er etwas vorliest. Heute versteht sie nur, dass Jesus wie ein guter Hirte ist, auf den seine Schafe hören. Den Rest versteht sie nicht, aber das macht nichts, weil sie ja schon weiß, dass Jesus wie ein guter Hirte ist und Schafe mag. Aber Jesus mag keine Böcke, erinnert sich Johanna an eine Jesusgeschichte aus der Kommunionvorbereitung und hört auf, Pfarrer Devi weiter zuzuhören. Johanna mag auch keine Böcke, aber sie möchte eigentlich auch kein Schaf sein und trotzdem zu Jesus gehören. In der Jesusgeschichte hat Jesus einmal gesagt, dass alle diejenigen zu ihm gehören, die anderen etwas Gutes tun: die den Armen etwas zu essen, Durstigen etwas zu trinken und Nackten etwas zum Anziehen geben, die Kranke und Gefangene besuchen. Johanna hatte das zuerst gar nicht verstanden, weil sie sich ja um ihre Freundschaft zu Jesus kümmern wollte und nicht um irgendwelche anderen Leute. Ihre Mutter hat ihr dann aber erklärt, dass man sich um Jesus gar nicht kümmern muss, weil er selber für sich nichts braucht. Er braucht nur, dass wir uns um die armen Menschen kümmern. Wenn wir uns um die armen Menschen kümmern, kümmern wir uns um Jesus.

Mittlerweile ist die Predigt von Pfarrer Devi zu Ende. Bevor alle wieder aufstehen, faltet Johanna noch ganz schnell die Hände und betet: „Danke, lieber Jesus, dass du mir gerade einen guten Tipp gegeben hast, was gute Taten sind."

Denn heute Nachmittag kommen ihre Klassenkamera-dinnen zum Kuchenessen und sie überlegen miteinander „gute Taten". Und zwar alleine, im Geheimen, nur das Mädchenteam. Johannas Mutter Frauke hat nämlich versprochen, dass sie sich nicht einmischt und dass sie bei Mias und Benjamins Eltern anruft, um zu sagen, dass sich nur das Mädchenteam trifft und Benjamin leider zu Hause bleiben muss. Der gehört doch ins Jungenteam. Sonst könnte man ja gleich auch Felix dazu einladen. Aber den mag sie ja gar nicht mehr, findet Johanna, glaubt sich dabei aber selber nicht ganz. Bei den Fürbitten fügt sie deshalb in

Gedanken dazu, Gott möge ihr helfen, dass es zwischen Felix und ihr wieder so schön wird wie früher.

So viele Dinge gehen Johanna durch den Kopf, dass sie fast vergisst, sich hinzuknien und auf die Wandlung zu konzentrieren. Als Pfarrer Devi ihr später die Hostie reicht und sie dabei ganz freundlich anlächelt, freut sie sich auf Jesus, der ihr Herz verwandelt. Fast hätte sie fröhlich „Mäh", anstatt „Amen" gesagt, aber nur fast, weil sie ja kein Schaf ist, sondern ein Kommunionkind.

Am Nachmittag trifft sich das Mädchenteam bei Johanna zu Hause. Alle fünf sitzen sie rund um den großen Esstisch und es sieht fast so aus wie bei einem Kindergeburtstag: Claras Mutter hat Schokomuffins gebacken, Mias Mutter Bioapfelsaft abgefüllt und Aische eine Schachtel honigsüßes, klebriges türkisches Gebäck mitgebracht. Aber es ist kein Kindergeburtstag mit Freundinnen, sondern eben ein Team mit dem Auftrag, sich gemeinsam gute Taten auszudenken. Bei allem anderen hat Johanna sich nämlich durchgesetzt: Kein Benjamin, keine „tollen Vorschläge" ihrer Mutter. Schließlich sind sie als Drittklässlerinnen schon selbst groß genug für ihren Auftrag! Nach Johannas Wutanfall hat ihre Familie das auch begriffen: Johannas Mutter macht einen Krankenbesuch, ihr Vater werkelt im Keller an irgendetwas herum und ihr großer Bruder sitzt oben am Computer und tut so, als müsse er noch ganz wichtige Dinge für die Schule erledigen. Seltsam nur, dass man aus seinem Zimmer ständiges Maschinengewehrgeratter, dramatische Musik und Schmerzensschreie hört.

Fathma wundert sich über die merkwürdigen Hausaufgaben, die ältere Jungen offenbar in Deutschland machen müssen. Sie fühlt sich unwohl, sagt aber nichts und hofft, dass der Krieg nicht die Treppe runterkommt.

***

Aber auch sonst ist es nicht wie bei einem Kindergeburtstag: Es gibt keine Geschenke und die Stimmung ist gedrückt. Mia findet es doof, dass Johanna Benjamin nicht dabei haben will. Schließlich ist Benjamin nicht irgendein Junge, sondern ihr Zwillingsbruder. Clara mag überhaupt keinen Bioapfelsaft und hätte lieber Cola zu den Schokomuffins.

Johanna hat sich auf den Nachmittag ohne die ständigen Vorschläge ihrer Mutter gefreut. Aber jetzt ist sie auch ein wenig genervt, weil Aische zu Hause schon eine ganze Liste mit Vorschlägen für „gute Taten" vorbereitet hat und die nun unbedingt alle vorlesen will. Johanna findet, dass Aische tut, als wäre sie die Bestimmerin. Dabei will Johanna doch die Bestimmerin mit den guten Ideen sein. Sie hat sich nämlich auch schon vorbereitet und ihre Mutter hat ihr nur ein ganz klein wenig dabei geholfen.

Aber Aische ist schneller: „Im Koran steht, dass ein guter Mensch jeden Tag fünfmal beten soll, den Armen einen Teil seines Geldes abgeben, zu bestimmten Zeiten fasten und immer seinen Eltern gehorchen soll. Man darf kein Schweinefleisch essen. Man muss freundlich zu seinen Gästen sein und man muss einmal im Leben nach Mekka fahren! Dann kommt man ins Paradies."

Fathma nickt zustimmend, weil sie das auch so gelernt hat, aber dann fällt ihr ein, dass sie und ihre Eltern gerade gar kein Geld zum Teilen haben.

Mia schüttelt den Kopf, sie will eigentlich weder nach Mekka noch gleich ins Paradies, sondern nur auf eine Klassenfahrt.

Clara findet, dass Aische jetzt schon mal mit dem Fasten anfangen könnte, bevor sie sich den vierten Muffin in den Mund schiebt, obwohl ihre Mutter die für alle gebacken hat und sie selber erst einen abbekommen hat.

Johanna sagt: „Das gilt nur für Muslime und nicht für Christen, wenn es im Koran steht."

Aische kann es nicht fassen: „Müssen Christen nicht ihren Eltern gehorchen? Müssen Christen nicht beten? Müssen Christen nicht teilen?"

„Doch, schon!", giftet Johanna zurück. „Aber einmal am Tag beten reicht!"

„Reicht eben nicht!", beharrt Aische und verschränkt die Arme vor der Brust.

„Reicht wohl!", mischt sich Clara ein und sichert sich mit beiden Händen die letzten beiden Schokomuffins.

„Reicht nicht!", brüllt jetzt Aische zurück.

Da ertönt plötzlich aus dem Nichts ein gellender Frauenschrei. Das ist zu viel für Fathma: Der gemeine Streit, das Kanonengedonner aus der Ferne und jetzt auch noch der markerschütternde Schrei einer Frau ganz in ihrer Nähe. Sie fängt an zu weinen.

Aische hat sich vor Schreck und Aufregung am vierten Muffin verschluckt und prustet ihn über den Tisch. Dann schnappt sie nach Luft, fasst sich hektisch an die Brust und stößt dabei mit dem Ellenbogen den ganzen Krug mit Bioapfelsaft um. Clara klopft ihr mit einer Hand auf den Rücken, damit sie besser abhusten kann.

Da ertönt schon der nächste Schrei und Fathma weint noch mehr.

Johanna sucht fieberhaft im ganzen Zimmer nach der Ursache des Übels. Sie findet das Smartphone ihres Bruders vibrierend, blinkend und schreiend in einer Sofaritze.

„Tut mir leid, Fathma, du musst keine Angst haben, das ist nur der bescheuerte neue Klingelton im Smartphone meines Bruders", versucht Johanna Fathma zu beruhigen.

 Als sie dann aber das Chaos auf dem Esstisch und die immer noch nach Luft ringende Aische erblickt, wird sie mal wieder so richtig wütend und traurig zugleich. Heute Nachmittag läuft einfach alles schief. Kurz denkt sie daran, ihren Vater aus dem Keller zu holen, aber dann hat sie eine andere Idee. Am liebsten würde sie das bescheuerte Smartphone für immer verschwinden lassen. Das wäre eine wirklich gute Tat für die arme Menschheit. Unbemerkt schaltet sie das Smartphone aus, aber anstatt es ihrem Bruder zu bringen oder wenigstens auf den Tisch zu legen, stopft sie es wieder in die Sofaritze zurück – nur noch ein bisschen tiefer.

Von nun an schlägt das Treffen eine ganz neue Richtung ein. Vielleicht hatte es sich auch bisher nur verirrt. Rasch und ohne viele Worte retten die Mädchen die honigsüßen klebrigen türkischen Süßigkeiten vor dem Ertrinken. Dann räumen sie die vollgespritzten Gläser und Teller in die Spülmaschine und saugen den restlichen Bioapfelsaft mit ganz viel Küchenkrepp vom Tisch und vom Boden auf.

„Beim Trösten und Helfen sind wir ein gutes Team, aber ich glaube nicht, dass das für Frau Frostig ausreicht", stellt Clara fest und alle anderen müssen lachen.

Auch Fathma muss lächeln, obwohl sie die Worte nicht ganz verstanden hat.

Aische findet den Gedanken sehr gut. „Wir können ja zusammen überlegen, wie wir anderen Menschen helfen können. Das gefällt Allah und Frau Frostig vielleicht auch."

Johanna liest jetzt endlich vor, was sie sich heute nach der Kirche aufgeschrieben hat. Nicht das mit den Schafen und den Böcken, sondern das andere: „Den Armen etwas zu essen geben, den Durstigen etwas zu trinken, den Nackten etwas zum Anziehen, die Kranken und Gefangenen besuchen." Etwas schüchtern schaut sie zu Aische, weil sie nicht wieder Streit haben möchte: „Vielleicht steht das ja alles auch so im Koran?" Aische überlegt kurz, dann lächelt sie Johanna freundlich zu: „Das steht bestimmt auch alles im Koran – irgendwo."

„Gott sei Dank", stöhnt Mia auf, „dann kann es ja jetzt endlich mal losgehen!"

„Das erste ist doch ganz einfach", findet Clara. „Am Bahnhof und auf den Bänken im Stadtpark sitzen doch immer so arme Leute mit Flaschen rum – die haben doch ständig Durst. Wir könnten Geld sammeln, damit sie sich Muffins backen und Cola kaufen können."

„Das hilft nichts", wendet Johanna ein, „meine Mutter sagt, die kaufen sich davon nur Alkohol – und davon werden sie dann auch nicht glücklich, sondern betrunken und krank im Kopf."

„Dann machen wir halt das mit den Nackten", ergreift Mia das Wort.

„Und wie? hier gibt es doch keine Nackten!", hakt Johanna nach.

„Im Fitnessclub meiner Mama gibt es eine Sauna. Da sind alle nackt – für die könnten wir Kleider sammeln und ihnen vorbeibringen", grinst Clara.

Aische findet das keine gute Idee, sie hat keine Lust auf Nackte, außerdem sind die im Fitness-Club ja wahrscheinlich auch nicht so sehr arm. Aber sie will nicht wieder die Spielverderberin sein.

Fathma versteht das Wort Sauna nicht und alle Mädchen kichern, als Clara versucht, es ihr zu erklären.

Mia hat noch eine bessere Idee: „Wir könnten ja auch Gefangene besuchen und befreien!"

„Wie soll das denn gehen?", fragt Johanna ungläubig.

„Ganz einfach. Wir fahren mit dem Bus in die Stadt und besuchen das Zoogeschäft. Eine von uns lenkt die Verkäufer ab, die anderen befreien alle gefangenen Tiere."

„Und dann?", fragt Johanna kopfschüttelnd.

„Dann rennen wir einfach schnell weg …"

„… und alle anderen jagen hinter uns her: die Hasen, die Papageien, die Hamster und die Giftschlangen!"

„Und zum Schluss die Polizei!"

„Vielleicht wollen die Tiere gar nicht befreit werden, sondern fühlen sich ganz wohl da, wo sie sind", wehrt Clara ab, die sich gerade vorstellt, dass ein Mädchenteam ihr Haus überfällt und die süßen kleinen Fische aus dem Wohnzimmeraquarium von Papi befreit.

So geht es noch eine Weile hin und her. Schließlich einigen sie sich aber doch noch auf zwei wirklich gute Taten. Dazu muss Johanna nur noch ihren Vater und ihren Bruder Jonas einweihen – die Idee wird ihnen bestimmt gut gefallen.

„Aber psst", flüstert Johanna und legt verschwörerisch ihren Zeigefinger vor die Lippen. Dann schaut sie bedeutungsvoll in die Runde: „Das wird eine Riesenüberraschung – keiner darf den anderen etwas verraten, auch den anderen Erwachsenen nicht, vor allem nicht irgendwelchen Jungs. Sonst klauen die uns noch unsere tollen Ideen."

Alle sind einverstanden und wollen sich bemühen. Dann machen sie sich an die Arbeit. Johanna organisiert von irgendwoher Wasserfarben und Plakatpapier. Aische und Clara schreiben eine lange Liste mit Dingen, die noch zu tun sind.

Fathma ist froh, dass es jetzt wieder friedlich ist.

Nur Mia ist in Gedanken noch ganz beim Geheimnis. Sie weiß noch nicht, ob sie das schafft, schließlich ist Benjamin weder ein Erwachsener noch irgendein Junge, sondern eben ihr Zwillingsbruder, mit dem sie auch sonst immer alle großen Geheimnisse teilt.

SCHIFFBRUCH BEIM STRANDBAD

Etwa zur selben Zeit, während sich
die Mädchengruppe bei Johanna
trifft, hat sich das Superhelden-A-
Team beim Strandbad verabredet.
Das Strandbad ist eigentlich nur ein
kleiner Weiher, der direkt an den
Stadtpark grenzt. Früher, als ihre
Opas und Omas noch klein waren,
war es einmal eine richtige Badean-
stalt mit Umkleidekabinen, Duschen
und einem Bademeisterhäuschen mit
Eisladen. Das ist lange her. Heute
erinnern nur ein kurzer Badesteg und das
schwimmende Holzfloß in der Mitte des
Weihers noch daran. Der Rest ist stillgelegt und
mit Brettern vernagelt. Das Wasser ist trüb. Und am
Ufer, wo früher eine gepflegte Liegewiese war, ist alles
zugewuchert.
„Zeltwiese. Baden auf eigene Gefahr" steht auf einem
rostigen Schild. Aber es zeltet nur selten jemand hier – und
baden tut auch keiner, nur ein paar Frösche vielleicht. Das
sieht man am glibberigen Froschlaich. Heute wäre es zum
Baden sowieso noch zu kalt.
Felix sitzt verträumt auf dem Badesteg. Er hat seine Schuhe
und Socken ausgezogen und planscht mit den nackten
Zehen im kalten Wasser.
Als sie noch eine Bande waren, haben sich Leon, Luca und
Felix im Sommer öfter hier getroffen und Piraten gespielt.
Felix' große Schwester musste immer mitkommen und auf
sie aufpassen. Aber das war in Ordnung, weil sie sich mit
einem Buch oder einer Mädchenzeitschrift auf die Bank
gesetzt hat und die Jungen in Ruhe spielen ließ. Manchmal
kam auch Felix' Vater mit. Dann durften sie unter seiner
Aufsicht mit Lucas blau-grauem Schlauchboot die paar

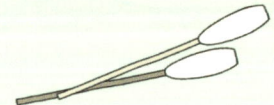

Meter hinüber zum Holzfloß in der Mitte des Weihers paddeln. Dort war ihre Pirateninsel. Seit sein Vater gestorben ist, ist Felix nicht mehr hierhergekommen. Es ist auch ganz bestimmt nicht seine, sondern Leons und Lucas Idee, sich hier zu treffen. Schließlich müssen sie sich ja noch eine gute Tat überlegen, um Frau Frostig zu überzeugen. Aber das kriegen sie schon hin, da ist Felix zuversichtlich, jetzt, nachdem sie doch durch das Friedhofabenteuer ein richtiges Superhelden-A-Team geworden sind.

Da kommen auch schon Abdul und Benjamin. Die sind bestimmt wieder gemeinsam mit dem Bus bis zur Haltestelle Strandbad gefahren. Felix winkt ihnen, sich zu ihm auf den Holzsteg zu setzen. Aber Abdul schüttelt den Kopf. Er hält lieber einen großen Abstand zum Wasser. Felix nimmt die Füße aus dem See, trocknet sie kurz mit seiner Jacke ab – gut, dass seine Mutter das nicht sieht – zieht seine Strümpfe und Schuhe wieder an und geht zurück zur Zeltwiese am Ufer.

„Was machen wir hier?", fragt Abdul und sein Blick wirkt unruhig.

Benjamin zuckt mit den Schultern – er wäre jetzt auch lieber bei Saft und Kuchen zusammen mit seiner Schwester Mia bei Johanna, aber die Mädchen wollten ihn ja nicht dabeihaben. Außerdem gehört er ja jetzt zur Jungenbande. Nachdem Leon ihn angerufen hat, um ihm zu sagen, dass sie sich heute hier treffen sollen, hat er Mia nach der Adresse von Fathma und Abdul gefragt. Auf gut Glück ist er dann bei Abdul zu Hause vorbeigegangen und hat ihn mitgenommen.

„Wir warten auf unsere mutigen Ober-Superhelden Leon und Luca und dann überlegen wir uns eine gute Tat."
„Aber warum hier? Warum nicht bei Schule oder auf Spielplatz oder auf Friedhof?", hakt Abdul nach und schielt ängstlich hinüber zum trüben Weiher.
„Ich glaube nicht, dass die beiden sich noch mal auf den Friedhof trauen", lacht Felix. „Aber du kannst sie ja selbst fragen, da hinten kommen sie endlich."
Keuchend schieben Leon und Luca ein voll bepacktes Fahrrad über die Wiese.
„Was guckt ihr so, helft uns lieber", mault Luca sie an und muss ganz heftig niesen.
Leon wirkt auch etwas bleich. Beide haben sich Freitagnacht ziemlich erkältet, weil sie in dem kleinen Geräteschuppen übernachten wollten, um nicht aufzufliegen. Als es dort dann aber auch irgendwie ziemlich gruselig war und immer kälter wurde, sind sie nach Hause gegangen. Jeder zu sich. Dort haben sie ihre erstaunten Eltern aus den Betten geklingelt und ihnen wimmernd weisgemacht, dass sie

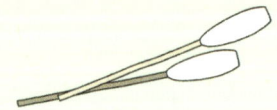

großes Heimweh gehabt hätten und deshalb doch lieber zu Hause schlafen würden. Das stimmte ja auch irgendwie. Ihre Eltern waren schon zu müde, um weiter nachzufragen. Am nächsten Morgen gab es bei beiden noch ein wenig Ärger wegen der dreckigen Sachen.

Benjamin, Abdul und Felix war es hingegen gelungen, sich unbemerkt zurück in ihre Betten zu schleichen. Das war's. Bis auf die Schnupfnasen und die verdreckte Kleidung von Leon und Luca ist das Friedhofsabenteuer noch mal gut ausgegangen. Wie immer bei echten Superhelden in Büchern, Comics und Filmen. Ein spannendes Abenteuer jagt das nächste spannende Abenteuer, nie muss mal einer dringend aufs Klo und am Ende geht alles gut aus.

„Was schleppt ihr denn da mit euch rum?", fragt Benjamin neugierig und betrachtet den riesigen Umzugskarton auf Lucas Gepäckträger. „Seid ihr von zu Hause ausgezogen und wollt jetzt beim Totengräber und Wotan auf dem Friedhof wohnen?"

„Du Blödmann, halt lieber mal fest", faucht Luca ihn an und drückt ihm das Fahrrad in die Hand. Benjamin greift zu und hält das Rad am Lenker fest. Erleichtert über die Ablösung, lässt Leon hinten los, sodass das Rad mitsamt Benjamin beinahe umgekippt wäre. Weil es durch die große Kiste so wackelig und instabil ist und weil Benjamin nicht der Kräftigste ist. Aber Felix und Abdul kommen ihm sofort zu Hilfe.

„Mensch, passt doch auf!", schimpft Luca und versucht die abrutschende Ladung zu schützen. Als das Fahrrad einigermaßen stabil steht, löst er umständlich und geheimnistuerisch die vielen ineinander verknoteten Fahrradspanner, mit denen die Umzugskiste befestigt ist.

„Jetzt verratet uns doch endlich, was da drin ist", sagt jetzt auch Felix. Aber auch er bekommt keine Antwort. Die Spannung steigt. Schließlich heben Leon und Luca mit vereinten Kräften das Paket vom Gepäckträger und setzen es auf der Wiese ab.

Es war gar nicht so leicht, die Kiste im Keller von Lucas Eltern zu finden und unbemerkt von den Nachbarn hinaus zum Fahrradschuppen zu schmuggeln. Auch mussten sie sich bei den anderen dort abgestellten Fahrrädern heimlich die Fahrradspanner ausleihen, um alles sicher zu befestigen. Am Ende war die Ladung aber dann doch zu schwer, um damit zu radeln. Deshalb hat Leon sein Rad zu Hause stehen gelassen und Luca geholfen, sein Rad mit der großen

Kiste auf dem Gepäckträger den ganzen weiten Weg zu schieben.

Nach einer kurzen Verschnaufpause schauen Leon und Luca stolz in die Runde und genießen die gespannte Neugier ihres Superhelden-A-Teams. Dann endlich lüftet Leon das Geheimnis und öffnet den Umzugskarton wie ein Zauberer seine Zauberkiste. Und wie ein dazugehöriger Assistent in einer Zaubershow präsentiert Luca alle Dinge, die Leon aus der Kiste holt: einen roten Gummiblasebalg, zwei zusammensteckbare Paddel und einen großen blau-grauen Plastikballen.

Felix und Benjamin schauen begeistert, Abdul hingegen schaut gar nicht begeistert, sondern starrt düster zu dem dunklen Weiher hinüber. Aber darauf achtet jetzt niemand. Luca entfaltet das aufblasbare Schlauchboot, verbindet ein Ventil der Luftkammer mit dem Schlauch vom Blasebalg und beginnt, das Boot aufzupumpen.

Bevor jemand etwas sagen kann, erklärt Leon dem Team seinen Plan, den er so oder so ähnlich mal in einem Comic gelesen hat: „Also Leute, wir sind die Guten und haben einen geheimen Auftrag: Wir müssen die Welt retten. Aber überall um uns herum sind böse Monster, die hinter uns her sind und die Welt zerstören wollen. Außerdem lauern überall ihre Geheimagenten und Spione, die unsere Ideen klauen wollen. Und wir haben nur noch wenige Tage Zeit."

„Das ist ja cool." Benjamin und Felix finden die Geschichte superspannend. Luca kennt sie schon, weil er sie auch schon mal irgendwo gelesen hat, und pumpt weiter das Schlauchboot auf.

Abdul schaut nicht mehr zum Weiher, sondern fixiert das blau-graue Boot und wird ganz bleich im Gesicht. Felix bemerkt das, aber er denkt nur kurz darüber nach. Vielleicht versteht Abdul Leons spannende Geschichte nicht, weil er noch nicht so gut Deutsch kann und Leon so kluge Wörter aus Filmen und Büchern benutzt? Jedenfalls hat Felix jetzt keine Lust, Abdul das alles zu erklären, und will lieber zuhören, wie es weitergeht.

„Die Monster und Geheimagenten und Spione kommen immer näher. Aber ein Superheld hat einen Plan, wo sie sich heimlich treffen können."

„Und dieser mutige Obersuperheld heißt zufällig Leon", grinst Benjamin.

„Genau! Hast du was dagegen?"

„Egal, erzähl weiter, Leon!", drängt Felix.

„Superheld Leon überredet seinen Freund, den Superhelden Luca, einen Raumgleiter aus dem Geheimlabor des Herrschers seines Heimat-planeten zu entführen."

„Wenn mein Vater das rauskriegt, bekomme ich riesigen Ärger zu Hause", unterbricht Luca. Dann stöhnt er kurz auf und pumpt die nächste Luftkammer auf.

„Wir bringen es ja nachher wieder heil zurück", beruhigt ihn Leon.

„Und was machen die dann mit dem Raumgleiter?", will Benjamin wissen.

„Sie rufen ihr Superhelden-A-Team zusammen und machen das Raumschiff startklar. Dann flüchten sie vor den bösen Monstern und den geheimen Agenten durch den dunklen Weltraum zu einem sicheren Planeten am Ende der Galaxie." Leon zeigt auf das Holzfloß im trüben See. „Wenn sie die gefährliche Raumfahrt überleben, sind sie in Sicherheit. Und dann überlegen sie, wie sie die Welt retten können."

„Echt cool!", schwärmt Benjamin und stößt Abdul an, „findest du nicht auch?"

Abdul zuckt zusammen. Er zittert und auf seiner Stirn bilden sich kleine Schweißperlen.

„Was hast du denn? Geht es dir nicht gut?", fragt Felix.

„Nicht gut", stammelt Abdul.

„Dann erfinde doch selbst ein cooles Abenteuer, wenn du kannst!", reagiert Leon beleidigt.

Keiner sagt was, Luca pumpt weiter.

„Was ist denn an der Geschichte nicht gut, Abdul?", versucht Felix zu vermitteln.

Aber Abdul schüttelt nur den Kopf: „Boot ist nicht gut!"

Jetzt ist auch Luca verärgert: „Spinnst du? Das ist ein super Schlauchboot. Es gehört meinem Vater und war mal ganz teuer."

„Boot ist nicht gut! Boot ist nicht gut!", wiederholt Abdul. Dabei starrt er immer noch auf das Schlauchboot und zittert am ganzen Körper. Auf einmal steht er auf und greift in seine Hosentasche.

Irgendetwas stimmt nicht mit ihm. Besonders sein wilder Blick macht den anderen Angst. Jetzt holt Abdul auch noch ein Taschenmesser hervor und klappt es auf.

„Oh mein Gott!", schreckt Felix auf und muss auf einmal an all die schlimmen Dinge

denken, die manchmal abends im Fernsehen berichtet werden.

Leon tastet vergeblich nach seinem Laserschwert, aber das liegt zu Hause griffbereit auf dem Nachttisch neben seinem Bett.

Luca wird ganz hektisch und pumpt wie verrückt sein Schlauchboot weiter auf, als könne er damit vielleicht noch rechtzeitig über den See zur Insel fliehen.

Nur der kleine Benjamin schaut eher überrascht als ängstlich. „Wozu brauchst du denn jetzt dein Taschenmesser, Abdul?" Aber Abdul scheint ihn gar nicht zu hören. „Boot ist nicht gut, Boot ist nicht gut", murmelt er vor sich hin und bückt sich wieder. Plötzlich holt er mit seinem kräftigen Arm weit aus und rammt mit voller Wucht die scharfe Klinge in die aufgeblasene Seite des Schlauchboots. Und noch mal und noch mal. Luca fällt vor Schreck fast in Ohnmacht, als das Boot in Sekundenschnelle völlig in sich zusammensackt.

Abdul lässt sein Messer fallen und blickt mit Tränen in den Augen zu seinen neuen Freunden. Die Kinder sind geschockt. Mit ihren weit aufgerissenen Augen und Mündern sehen sie aus wie die Darsteller in einem Gruselfilm, bei dem irgendjemand an der spannendsten Stelle aus Versehen auf Stopp gedrückt hat. Abdul springt mit einem Satz auf und rennt davon, so schnell er kann. Weg von dem dunklen Wasser, weg von dem Schlauchboot, weg von seinen schlimmen Erinnerungen.

Entsetzt sehen Benjamin, Felix und Leon ihm hinterher. Luca kniet neben seinem zerstörten Boot und weint, weil das Boot kaputt ist und er Angst vor der Strafe seiner Eltern hat. Und weil er überhaupt nicht versteht, was da gerade passiert ist.

Dieses Superhelden-Abenteuer ist schlecht ausgegangen, bevor es richtig begonnen hat.

Leon fängt sich als Erster wieder. „Das ist ja noch mal gut gegangen", seufzt er.

Luca kann nicht fassen, wie sein Freund reagiert. Mit geballten Fäusten stürzt er auf ihn zu: „Bist du verrückt geworden? Der hat mein Boot aufgeschlitzt, dieser Irre. Und das findest du gut?"

„Besser das Boot als uns!", brüllt Leon zurück und versucht, Lucas blinde Faustschläge abzuwehren.

„Abdul ist kein Irrer", schreit nun auch Benjamin dazwischen. „Er ist unser Freund, und es geht ihm schlecht. Und wir haben es nicht gemerkt!"

„Und was ist mit meinem Boot? Und mit mir, wenn ich nach Hause komme?"

„Hör doch mal mit deinem doofen Boot auf!", mischt sich jetzt auch Felix ein.

Plötzlich brüllen alle wild durcheinander und beschimpfen sich gegenseitig, bis sie heiser sind. Sie prügeln sich sogar ein wenig.

Als sie sich wieder einigermaßen beruhigt haben, wollen alle nach Hause.

Inzwischen ist der Himmel nicht mehr blau. Dunkle Wolken sind aufgezogen und in der Ferne grollt ein großes Donnerwetter. Schweigend packen sie die Paddel, den Blasebalg und das zerstochene blau-graue Schlauchboot wieder in die Umzugskiste und helfen Luca auf dem Rückweg beim Schieben.

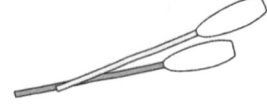

GUTE PLÄNE?

Unruhig rutschen die Kinder der 3 b auf ihren Stühlen hin- und her. Die große Pause ist längst zu Ende und in ein paar Minuten kommt Direktorin Frau Frostig. Heute Morgen hat sie der Klassenlehrerin Frau Ziegler angekündigt, sie wolle sich in der Klasse über den „Stand der Dinge" informieren. Frau Ziegler ist ziemlich nervös, obwohl die meisten Dinge eigentlich ganz gut stehen. Anfang der Woche konnten sie endlich wieder ihr Klassenzimmer beziehen. Das neue Glasfenster ist eingebaut und der kaputte Schrank entsorgt. Dafür steht jetzt ein neuer Schrank im Klassenzimmer. Er hat mehr Fächer und steht sicherer als der alte, weil er fest mit der Wand verschraubt ist. Stühle und Tische stehen auch gut, aber anders als früher. Die Kinder sitzen nämlich in neuen Tischgruppen zusammen, streng getrennt nach ihren „Gute-Taten-Teams". Das hat sich so ergeben, weil es doch noch so vieles zu basteln und zu besprechen gibt. Heute hat Frau Ziegler jeder Gruppe ein großes Plakat ausgeteilt, auf dem sie ihre Gute-Taten-Ideen präsentieren sollen. Dazu sollen die Kinder ihre Namen und den Namen ihrer Gruppe auf das Plakat schreiben und malen oder schreiben oder kleben, was sie sich in ihren Gruppen überlegt haben. Doch Frau Ziegler will, dass sie dabei noch nicht zu viel verraten, denn ein bisschen Spannung muss schon sein.

Bei den meisten hat das ganz gut geklappt. Zwei Plakate sind schon fertig, die hat Frau Ziegler gerade mit den Kindern aufgehängt. An den anderen wird noch fleißig gearbeitet. Frau Ziegler könnte also ziemlich zufrieden mit dem „Stand der Dinge" in ihrer 3 b sein. Aber ausgerechnet die Gruppe, zu der Felix, Benjamin, Luca und Leon und eigentlich auch Abdul gehören, hat bislang wenig aufs

Papier gebracht. Dabei sind die normalerweise ganz pfiffig, findet Frau Ziegler.

Seltsam, dass Abdul seit letzter Woche gar nicht mehr in der Schule war. Der Onkel hat ihn krankgemeldet, aber nicht gesagt, was er hat. Auch aus Abduls Cousine Fathma war nichts rauszukriegen. Überhaupt sind die Jungen vom Superhelden-A-Team seit dem Wochenende viel stiller als sonst. Deshalb hat Frau Ziegler heute Morgen versucht, die Gruppe ein bisschen stärker zu unterstützen. Viel ist nicht dabei herausgekommen. Bislang haben die Jungen nur ihre Namen aufs Plakat geschrieben. Wo sind sie eigentlich? Bei dem ganzen Gewusel bemerkt Frau Ziegler erst jetzt, dass die vier noch gar nicht aus der Pause zurückgekommen sind.

„Habt ihr Leon, Luca, Felix und Benjamin gesehen?", fragt sie in die Klasse. Der Junge, der immer zappelt, meldet sich: „Vorhin standen sie noch in einer Ecke auf dem Pausenhof und haben getuschelt. Ich glaube, die Superhelden sind in der Pause abgehauen, weil sie Angst vor Frau Frostig haben."

Die Klasse findet die Vorstellung sehr lustig, dass Super-helden vor Angst einfach abhauen.

Frau Ziegler findet das gar nicht lustig. Und Johanna und Mia auch nicht. „Dürfen Mia und ich sie suchen gehen?", fragt Johanna, „Wir sind schon fertig mit dem Plakat. Clara, Fathma und Aische müssen es nur noch aufhängen."

„Macht aber schnell, gleich kommt Frau Frostig", nickt Frau Ziegler ihnen zu. „Und ihr anderen hängt jetzt bitte eure Plakate an die Wand und räumt eure Plätze auf!"

***

Tatsächlich haben Felix, Benjamin, Leon und Luca gleich am Anfang der Pause den Schulhof verlassen und sind zu dem kleinen, schmuddeligen Spielplatz im Wäldchen hinter der Schule geschlichen. Aber nicht, weil sie sich vor Frau Frostig

fürchten, sondern damit sie ungestört von Frau Ziegler und den Klassenkameraden miteinander reden können. Sie haben nämlich in den letzten Tagen überhaupt nicht mehr miteinander gesprochen und sind sich aus dem Weg gegangen. Wegen der Sache mit Abdul und dem zerstochenen Schlauchboot und der Prügelei. Die Prügelei war nicht so schlimm und das Schlauchboot liegt wieder gut versteckt im Keller. Lucas Eltern haben es noch nicht vermisst, weil sie ja nicht jeden Tag Schlauchboot fahren und gar nicht wissen, dass Luca und Leon es heimlich mitgenommen haben.

Wirklich schlimm ist, dass Abdul sich so seltsam verhalten hat und seitdem auch nicht mehr in der Schule gewesen ist. Felix konnte an den letzten Abenden gar nicht mehr alleine einschlafen, weil er die ganze Zeit daran denken musste. Er hat sich dann zu seiner Mama ins Bett gekuschelt, und die hat sich große Sorgen gemacht, was wohl mit ihm los ist. Das hat Felix noch größere Sorgen gemacht und deshalb hat er gestern Abend einfach alles Jesus erzählt.

„Alles?", fragt Luca erschrocken und fällt fast von der Schaukel. „Auch das mit dem Friedhof und mit dem Boot?"

„Ist doch egal", beruhigt ihn Leon, „der Jesus sagt's bestimmt nicht deinen Eltern! Außerdem weiß er ja sowieso schon alles, weil er ja der Sohn von Gott ist."

„Und was hat Jesus dir geantwortet?", will Benjamin wissen und findet das alles sehr merkwürdig.

„Nichts", antwortet Felix.

„Typisch!", meint Leon, „das bringt gar nichts, wenn man dem lieben Gott was erzählt. Der tut eh nie was."

„Stimmt gar nicht, Leon. Er hat mich besser einschlafen lassen und heute Morgen hat er mir etwas gezeigt."

„Was hat er dir denn gezeigt?", fragt Luca ungläubig.

„Das hier!" Felix kramt ein Stück Zeitung aus seiner Hosentasche und streicht es glatt. Darauf sieht man ein

blau-graues Schlauchboot mit ganz vielen Menschen drauf. Und eine fettgedruckte Überschrift: „Wieder 40 Geflüchtete im Mittelmeer ertrunken."

„Das ist doch bloß die Zeitung von heute Morgen. Die hat mein Vater beim Frühstück auch gelesen", gähnt Leon enttäuscht. „Was hat das mit Jesus zu tun?"

„Ich weiß nicht genau, aber es hat etwas mit Abdul zu tun", versucht Felix zu erklären. „Erinnert ihr euch noch an den Friedhof? Da war er ganz traurig, dass seine toten Verwandten kein richtiges Grab haben."

Benjamin nickt.

„Kapier ich nicht", stöhnt Luca.

Aber es bleibt keine Zeit mehr für weitere Erklärungen, denn Mia und Johanna haben sie auf dem alten Spielplatz entdeckt und rufen ihnen zu: „Da seid ihr ja! Kommt jetzt endlich, die Frostig ist gleich da."

Hastig faltet Felix den Zeitungsartikel zusammen. Gemeinsam mit den beiden Mädchen rasen sie zurück zum Schulhof, springen die Treppen hoch und stürzen durch den Gang ins Klassenzimmer. Völlig außer Atem erreichen sie ihren Tisch. Benjamin kritzelt noch irgendetwas auf das Plakat und reicht es mit einem flüchtigen Lächeln Frau Ziegler. Die anderen lassen sich auf die Stühle fallen. Frau Ziegler reißt Benjamin das Plakat aus der Hand und hängt es ganz schnell auf. Zum Schimpfen hat sie jetzt keine Zeit mehr.

Da kommt die Direktorin auch schon.

„Guten Morgen!, Frau Frostig", rufen alle im Chor.
„Guten Morgen, Frau Ziegler, guten Morgen, Klasse 3b. Habt ihr euch wieder eingelebt?", fragt sie knapp. Aber sie wartet die Antwort überhaupt nicht ab, sondern blickt sich interessiert im Klassenzimmer um. „Dann wollen wir doch gleich mal anschauen, was ihr euch so alles überlegt habt."

Hübsch aufgereiht hängen fünf große, bunte Gute-Taten-Plakate nebeneinander an der Klassenzimmerwand. Das erste Plakat zeigt die Umrisse eines bunten Hauses, prall gefüllt mit bunten Punkten und vielen kleinen lachenden Kindergesichtern. Daneben ein Schild, auf dem in bunten Buchstaben „Kindergarten" geschrieben steht. Darüber stehen die Namen von fünf Mädchen aus der Klasse, die jetzt ganz aufgeregt kichern.

„Sehr schön!", lobt Frau Frostig und denkt, dass diese Gruppe sich eine gute Tat für die Kinder im Kindergarten am Ende der Straße ausgedacht hat, vielleicht ein fröhliches Bewegungsspiel mit bunten Bällen.

Das zweite Plakat zeigt ein orangefarbenes Müllauto und einen Spielplatz und viele leuchtend gelbe Pfeile. Der zappelige Junge kann sich vor Aufregung kaum auf seinem Platz halten: „Das ist unseres, das ist unseres. Das ist ein Müllauto und der kleine Spielplatz im Wäldchen zwischen unserer Schule und dem Kindergarten."

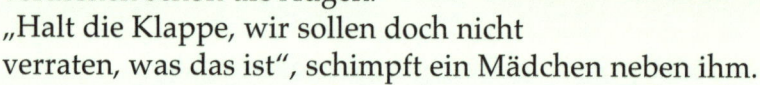

Die anderen aus seiner Gruppe verdrehen schon die Augen.

„Halt die Klappe, wir sollen doch nicht verraten, was das ist", schimpft ein Mädchen neben ihm.

Aber der zapplige Junge geht gar nicht darauf ein, sondern plappert einfach weiter: „Also der Spielplatz, der ist immer ganz dreckig, wegen der blöden Jugendlichen, und da haben wir uns gedacht …"

Plötzlich kippt er mit seinem Stuhl um. Vielleicht hat auch seine genervte Sitznachbarin ein bisschen nachgeholfen.

Aber der Junge hat sich wohl nicht wehgetan und sitzt schon wieder. Jedenfalls ist er jetzt still.

Frau Frostig guckt so streng in die Runde, dass sich keiner zu lachen traut. „Und das hier ist ja auch schön!", sagt sie anerkennend. „Da machen wohl ein paar Kinder den alten Leuten im Seniorenheim eine Freude!"

Frau Ziegler nickt freundlich zurück. Sie traut dem Frieden auf dem Plakat noch nicht. Darauf sind tatsächlich Strichmännchen in Rollstühlen und mit Stöcken gezeichnet und um sie herum viele Notenzeichen. Aber wenn sie daran denkt, von wem das Plakat stammt – nämlich von vier obercoolen Jungs, die immer Jogginghosen und Sonnenbrillen tragen und ihre Baseballmützen verkehrt herum aufsetzen …

Frau Ziegler hat so ihre Zweifel, ob die Menschen im Seniorenheim an deren Musik ihre Freude hätten.

„Und hier steht wohl ein kleines Kuchenbuffet? Und der Verkaufserlös kommt armen Menschen zugute? Hab ich recht?", strahlt Frau Frostig, als sie das Bild der Mädchengruppe von Johanna sieht.

Weil sie ja sowieso keine Antworten auf ihre Fragen abwartet, sagt auch keiner was. Außerdem steht sie schon vor dem Plakat des Superhelden-A-Teams mit dem wilden Gekritzel, das an ein Grab mit Grabstein erinnert.

„Also daraus werde ich jetzt wirklich nicht schlau", rätselt Frau Frostig. „Aber Sie wissen bestimmt, was für eine gute Tat dahintersteckt, Frau Ziegler!"

Bevor Frau Ziegler sagen kann, dass sie leider von keinem der Plakate weiß, was genau dahintersteckt, wendet sich Frau Frostig mit feierlicher Stimme an die Klasse. „Also ich muss sagen, liebe Klasse 3 b, das habt ihr wirklich gut gemacht. Wenn ihr das alles so umsetzt, wie ich mir das vorstelle, könnte das mit der Klassenfahrt vielleicht doch noch klappen. Das denken Sie doch auch, Frau Ziegler?"

Frau Ziegler ist nicht ganz so zuversichtlich und schüttelt leicht mit dem Kopf. Sie weiß: Schulkinder und Schulleiterinnen stellen sich oft unterschiedliche Dinge vor, auch wenn sie das Gleiche sehen.

Frau Frostig hat sich schon wieder zu den Plakaten umgedreht und überlegt laut: „Wie ich das sehe, können wir die Präsentationen eurer guten Taten mit einem kleinen Rundgang verbinden. Wir starten an der Schule, gehen über den Spielplatz hinüber zum Kindergarten, die Straße hoch zum Seniorenheim und dann …" Sie macht eine längere Pause und denkt angestrengt nach „… hoch zum Friedhof, stimmt's?"

Felix, Leon und Luca schauen Benjamin an und nicken dann überrascht. „Da bin ich ja mal gespannt, was uns erwartet. Und von dort aus geht es dann den Berg hinunter zurück in die Schule zum Kuchenessen."

„Entschuldigung, Frau Frostig", meldet sich Johanna, „das Essen gibt's bei uns zu Hause im Garten. Das habe ich schon mit meinem Vater so abgesprochen."

„Umso besser, sag deinem Vater herzlichen Dank für die Gastfreundschaft. Also dann endet unser Rundgang beim früheren Pfarrhaus neben der katholischen Kirche! Schafft ihr das alles bis Freitag?"

Während die Kinder jubeln, wendet sich die Direktorin an Frau Ziegler. „Damit beim Kuchenverkauf auch etwas in die

Kasse kommt, können Sie die Eltern ja auch gleich dazu einladen, Frau Ziegler." Und beim Rausgehen flüstert sie der Lehrerin zu: „Ich werde mal bei der Zeitung nachfragen, ob jemand vorbeikommt, der schöne Fotos macht und einen kleinen Bericht schreibt!"

Von den Kindern verabschiedet sie sich gut gelaunt: „Bis Freitag, liebe Klasse 3 b."

„Auf Wiedersehen, Frau Frostig!", antwortet die 3 b laut im Chor.

Nur Frau Ziegler klingt eher kleinlaut.

Ob das wohl alles gut geht?

ANDERS ALS ERWARTET

Die nächsten zwei Tage vergehen wie im Fluge. Obwohl alles streng geheim ist, haben mittlerweile nicht nur die Schüler der anderen Klassen, sondern auch alle Eltern und Lehrer und die Lokalredaktion der Zeitung irgendetwas vom Gute-Taten-Aktionstag der 3 b mitbekommen – vermutlich weiß inzwischen das halbe Stadtviertel Bescheid. Aber weil eben doch alles streng geheim ist, wissen die Leute natürlich nicht so richtig, was sie am Freitagmorgen erwartet. Das ist auch besser so, denn sonst wäre es nicht so spannend. Außerdem würde die Klassenlehrerin das Ganze sofort abblasen, die Eltern würden ihre Kinder nie und nimmer unterstützen und die Schuldirektorin hätte nicht bei der Zeitung, sondern sofort bei der Polizei angerufen. Stattdessen denken sich alle, was ihnen selbst am liebsten wäre, und bereiten sich im Geheimen jeder auf seine Weise auf den Tag vor. Alle, die davon gehört haben, freuen sich schon mal, wenn auch vielleicht etwas zu früh.

Der Hausmeister freut sich auf die Unterstützung beim Müllaufsammeln, die Erzieherinnen im Kindergarten freuen sich auf fröhliche Bewegungsspiele, die alten Leute im Seniorenheim freuen sich auf ein kleines Ständchen von einem süßen Kinderchor und die Trauernden auf dem Friedhof freuen sich darauf, dass ihnen jemand bei der Grabpflege hilft. Emsige Eltern kochen und backen für ein Klassenfest im Garten des ehemaligen Pfarrhauses, Frau Frostig freut sich auf eine ausführliche Berichterstattung über die gute Organisation und das tolle soziale Engagement an ihrer Schule. Und die Kinder aus der 3 b freuen sich jetzt schon auf ihre Klassenfahrt. Nur die Klassenlehrerin Frau Ziegler mag sich nicht zu früh freuen, dazu kennt sie ihre Klasse zu gut.

***

Irgendwie ist die Vorfreude wohl ansteckend, sonst wären am Freitagmorgen um neun Uhr nicht so viele Leute gekommen. Einige Mütter und Väter haben sich den Vormittag freigenommen, manche Omas und Opas und Onkel und Tanten, die in der Nähe wohnen, sind auch dabei. An den Fenstern drücken sich neugierige Schüler aus den anderen Klassen die Nasen platt. Auch die eine oder andere Lehrernase ist dabei. Aber sie müssen alle in der Schule bleiben. Mit einem strengen Blick nach oben scheucht Frau Frostig die Zuschauer zurück in ihren Unterricht.

Von den Lehrern hat Frau Frostig auf Bitten von Frau Ziegler nur den Religionslehrer Herrn Burger vom heutigen Unterricht freigestellt. Der Hausmeister kommt auch mit, falls es unterwegs irgend- welche technischen Probleme geben sollte. Außerdem ist tatsächlich eine junge Frau von der Lokalzeitung gekommen und hat eine Profi-Fotokamera mitgebracht.

Nachdem die Direktorin alle Anwesenden begrüßt und eine kurze Einführungsrede gehalten hat, setzt sich die fröhlich schnatternde Schar in Bewegung. Die Kinder der 3 b laufen mit ihren zusammengerollten Plakaten vorneweg. Beim kleinen Wäldchen zwischen der Schule und dem Kinder- garten machen sie halt. Ein Mädchen aus der ersten Gruppe entrollt stolz das Plakat mit dem Müllauto und zeigt auf den Weg durch das Gebüsch zum kleinen verwahrlosten Spielplatz. Als sich die ersten Kinder und Erwachsenen dem Spielplatz nähern, geht ein amüsiertes Raunen durch die Reihen der Zuschauer: Der ganze Spielplatz ist über und über mit kleinen neonfarbenen Papierpfeilen übersät. Es muss Tage gedauert haben, die alle einzeln auszuschneiden und mit Leuchtstiften anzumalen.

Kopfschüttelnd wendet sich eine weitangereiste Großmutter an ihre Enkelin: „Wer macht denn jetzt den ganzen Müll weg?"

„Aber Oma, das macht doch der Müllaufräumer", erklärt diese ihr lächelnd, als wäre ihre Oma ein Kindergartenkind und wüsste nicht, wer den Müll wegräumt.

Ihre Oma möchte das nun doch noch etwas genauer wissen: „Du hast mir doch seit einer Woche jeden Tag am Telefon erzählt, dass ihr eine gute Tat für den Müllaufräumer vorbereitet habt. Und jetzt liegt hier alles voller bunter Papierschnitzel. Ich verstehe das nicht, was ist denn jetzt eure gute Tat?"

Auch Frau Frostig und die anderen Gäste können die gute Tat noch nicht erkennen und wenden sich fragend an Frau Ziegler. Die wird ganz rot im Gesicht und zuckt hilflos mit den Schultern.

Neben ihr meldet sich und schnipst der Junge, der immer zappelt: „Ich will das sagen, das ist meine Gruppe, ich will das sagen."

Nur ein wenig erleichtert ruft sie ihn auf. „Unsere gute Tat ist für unseren lieben Hausmeister", strahlt er den Hausmeister an, der sich vor Graus schon die Haare rauft. „Wir haben unsere Lehrerin, Frau Ziegler, gefragt, warum der kleine Spielplatz so dreckig ist, und sie hat uns gesagt, dass der gar nicht zum Schulgelände gehört und die Stadt sich schon lange nicht mehr darum kümmert. Aber unser lieber Hausmeister kümmert sich darum. Freitagabends nach Dienstschluss räumt er immer freiwillig auch noch den Müll vom kleinen Spielplatz auf, obwohl der ja gar nicht zur Schule gehört."

Die Erwachsenen nicken verstehend und die Reporterin schreibt alles auf. Dann schauen sie abwechselnd zu Frau Frostig, Frau Ziegler und dem zappligen Jungen.

„Und die gute Tat? Wann kommt jetzt endlich die gute Tat?", raunt Frau Frostig dem Jungen zu und lächelt künstlich in die Kamera der Reporterin.

„Wir helfen unserem lieben Hausmeister, dass er dieses Mal keinen Müll mehr übersieht. Deshalb hat unsere Gruppe für ihn gestern den ganzen Nachmittag die vielen kleinen Pfeile ausgelegt", verkündet der Junge mit stolzgeschwellter Brust.

Da müssen einige Erwachsene lächeln und die Reporterin auch. Frau Frostig seufzt tief und führt die Gruppe zur nächsten Station. Der arme Hausmeister hat sich schon mal vorzeitig verabschiedet und trottet zurück zur Schule. Alle anderen folgen Frau Frostig und den beiden Lehrern zum Kinderhaus am Ende der Straße.

Herr Burger spricht seiner Kollegin Ziegler Mut zu: „Sie brauchen sich keine Vorwürfe zu machen, Frau Ziegler, wir haben ja noch vier Stationen vor uns …"

„Das ist ja das Schlimme", seufzt sie und ist mit ihren Nerven schon jetzt ziemlich am Ende.

Frau Frostig ist noch zuversichtlich: „Zumindest bei der nächsten Etappe kann eigentlich nicht viel schiefgehen", sagt sie zu der Reporterin. „Die habe ich nämlich weitgehend selbst im Vorfeld organisiert. Dort erwartet man uns sicher schon."

Am Vortag hat sie mit der Kinderhausleiterin abgesprochen, dass die Kindergartenkinder draußen vor dem Zaun auf sie warten. Schließlich dauert es bei den Kleinen immer so lange, bis sie ihre Schuhe angezogen haben, und so haben sie wenig Zeit für das Spiel. Die Leiterin wollte noch wissen, was für ein Spiel denn geplant sei.

„Wenn es sehr anstrengend ist, werde ich den Kleinen nämlich ein besonders reichhaltiges und ausgewogenes Frühstück mit viel Obst machen", erklärt sie. „Das ist

wichtig. Die gesunde Ernährung der Kinder liegt mir
nämlich besonders am Herzen, müssen Sie wissen."
Frau Frostig hat sich nicht getraut zuzugeben, dass sie den
Plan der Gruppe nur geraten hat, und darum einfach gesagt:
„Ein wildes!"
Damit war die Kinderhausleiterin zufrieden.
Beim Anblick der großen Menschenmenge, die auf sie
zukommt, werden die kleinen Kindergartenkinder ein
wenig schüchtern und klammern sich an ihren beiden Erzie-
herinnen fest. Es sind nur etwa sieben oder acht Kinder, die
sich heute früh in der Kinderrunde zum Programmpunkt
„Bewegungsspiel mit der Klasse 3 b der Gesamtschule
Mittelstadt" angemeldet haben. Die anderen hundertzwölf
Kinder wollten wohl lieber etwas anderes spielen.
„Wo ist denn die Gute-Taten-Gruppe ‚Kindergarten'? Ihr
seid jetzt dran!", ruft Frau Frostig süßlich in die Menge und
ist etwas enttäuscht, dass nur so wenige Kindergartenkinder
da sind.
Vier Mädchen in Glitzerleggins treten hervor. Als sie klein
waren, sind diese vier zusammen in dem Kinderhaus
gewesen. Die beiden Erzieherinnen erkennen sie wieder
und winken ihnen fröhlich zu. Eines der Mädchen rollt das
Plakat auf und die anderen schleppen vier große Plastiktüten herbei.
Alle sind ganz gespannt darauf, was jetzt passiert. Die
Reporterin hat schon ihre Kamera gezückt. Die vier
Mädchen legen die Arme umeinander, spitzen ihre Münder
zu einem Küsschen und schauen wie kleine Supermodels in
die Kamera. Das haben sie zu Hause vor dem Spiegel so
geübt. Dann greifen sie plötzlich mit allen ihren Händen in
die Plastiktüten, rufen laut „Juhu!" und schaufeln haufen-
weise Bonbons, einzelne Gummibärchen, Minischokoriegel,
überlebte Nikoläuse, Osterhasen und andere kleine Süßigkeiten durch die Luft direkt über den Zaun. Als die Kindergartenkinder das sehen, gibt es kein Festhalten mehr. Unter
Jubel und Gejohle reißen sie sich von ihren Erzieherinnen

los, hüpfen zum Zaun und stürzen sich auf den herab-
regnenden süßen Segen.

Das bleibt natürlich nicht unbemerkt. Aus dem ganzen
Gartenbereich, aus allen Bauecken, Schlafräumen und
stillen Winkeln, von Maltischen und Lesesofas werden die
Kinder von dem Geschrei angelockt und kommen
angerannt, verfolgt von ihren überraschten Erzieherinnen.

Die Kinder, die zuerst ankommen, stopfen sich sofort alle
möglichen Taschen voll.
„Juhu!", rufen die Glitzermädchen und schmeißen ihre
guten Gaben noch weiter über den Zaun.
Es geht zu wie bei einer Entenfütterung. Ein einziges
Gekreische und Gebalge. Zwei Jungen balgen um ein altes
Schokoladen-Osterei. Ein kleines Mädchen verliert auf dem

Rückzug einen Teil ihrer Beute. Was herunterfällt, wird sofort von anderen Kindern weggeschnappt, die noch nichts ergattert haben. Alle quietschen vor Freude und stopfen sich die Münder voll. Selbst bei den Kindern aus der 3b gibt es kein Halten mehr. Sie quetschen von der anderen Seite ihre dünnen Arme durch den Zaun und grapschen nach allem, was gerade noch so in ihrer Reichweite liegt.

Auch bei den Erwachsenen breitet sich Unruhe aus. Einige Eltern ziehen ihre Kinder vom Zaun weg. Andere stehen am Zaun und zeigen den Kindergartenkindern, die leer ausgegangen sind, wo es noch etwas zu holen gibt. Eine ältere Dame strahlt übers ganze Gesicht und erinnert sich an ihren ersten Rosenmontagsumzug.

Da ertönen drei gellende Pfiffe aus einer Trillerpfeife. Zweimal kurz und einmal lang. Das Spiel ist aus, wissen die Fußballfans, und alle anderen merken es auch. Sofort kehrt Ruhe ein.

Auf beiden Seiten des Zauns schauen alle auf die wütende Kinderhausleiterin mit der Schiedsrichterpfeife im Mund. Sie bahnt sich ihren Weg bis zum Kindergartentor.

„Das war so nicht abgesprochen, Frau Frostig", zischt sie der Schuldirektorin zu.

Die tupft sich den Schweiß von der Stirn und behält mühsam die Fassung: „Es tut mir leid, da lag wohl ein Missverständnis vor! Ich werde das mit den Verantwortlichen klären!" Dabei schaut sie scharf zur armen Frau Ziegler. „Können wir Ihnen noch beim Aufräumen helfen? Die Mädchen machen das sicher sehr gerne, nicht wahr?" Bei diesen Worten blitzt die Direktorin die Mädchen in ihren Glitzerleggins zornig an.

Eigentlich sehen die vier Mädchen das gar nicht ein, schließlich haben sie gerade schon ihre gute Tat vollbracht und den Kindergartenkindern eine große Freude gemacht.

„Nein, danke", lehnt die Kindergartenleiterin mit schnippischem Tonfall ab. „Genug Chaos für heute. Das machen wir lieber selbst." Dann macht sie auf dem Absatz kehrt und

geht ins Kinderhaus zurück, um Müllbeutel und feuchte Waschlappen für die Kinder zu holen.

Die Schüler der 3b und ihre Eltern und Verwandten verabschieden sich von den Kindergartenkindern und folgen etwas eingeschüchtert ihrer Schuldirektorin zur nächsten Station. Über hundert schokoladenverschmierte schmatzende Kinder winken ihnen glücklich hinterher, ein paar Erzieherinnen sind auch dabei.

Als sie außer Hörweite und Sichtweite des Kinderhauses sind, zwinkern manche der Erwachsenen den vier Mädchen zu und loben sie für ihren gut gemeinten Einfall. Andere schütteln nur den Kopf über die heutigen Zustände an der Schule und speziell in dieser Klasse.

Manche denken: Hoffentlich benehmen sie sich wenigstens im Seniorenheim.

Frau Ziegler ist sich da nicht so ganz sicher und hält sich im Hintergrund. Am liebsten würde sie sich völlig unsichtbar machen. Die Seniorenheim-Gruppe ist mit ihrem riesigen Koffer nämlich schon lange vorausgeeilt und nicht mehr aufzuhalten.

„Wahrscheinlich sind da ihre Instrumente drin", erklärt Frau Frostig der aufmerksamen Reporterin und hofft dieses Mal das Beste. „Da kann eigentlich nichts schiefgehen. Außer dass unsere jungen Musiker hier und da ein wenig aus dem Takt geraten oder die falschen Töne treffen, aber es sind ja noch Kinder."

Herr Burger hat zugehört und will seiner Direktorin noch schnell zuflüstern, dass die vier Jungen seines Wissens kein Instrument spielen können, sondern nur gerne laute Musik hören. Aber das ist gar nicht nötig, weil es nicht zu überhören ist:

Unter den neugierigen Blicken der alten Leute, die schon seit einer Stunde hier sitzen und auf die angekündigte Unterhaltungsmusik warten, setzen die vier Jungs ihre

Sonnenbrillen auf und drehen die Baseball-Caps um. Dann packen sie einen riesigen CD-Player aus dem Koffer und drücken auf „Play".

„Wumm, Wumm, wumm", dröhnt der Bass. Dazu gesellt sich ein krächzender Sprechgesang. Hoffentlich versteht niemand den englischen Text. Es geht um nackte

Frauen, Drogen und Gewalt. Die Jungs wackeln seltsam mit dem Hintern. Sie haben ihre Hände zu Fäusten mit abgespreizten Mittelfinger geballt und bewegen ihre Arme auf und nieder.

Ein alter Herr dreht hektisch an seinem Hörgerät. Zwei alte Damen schunkeln vergnügt im Takt.

Alle anderen Bewohner fliehen auf Krücken und mit ihren Rollstühlen von der Terrasse ins geschützte Seniorenheim zurück. Zwei Herren fuchteln mit ihren Gehstöcken aus dem offenen Fenster und drohen mit der Polizei. Ein paar Mädchen aus der Klasse finden die Show

richtig cool. Aische, Fathma und Mia irgendwie auch, aber das lassen sie sich nicht anmerken. In den oberen Stockwerken des Heims werden schnell alle Fenster geschlossen. Das Ganze dauert fünf Minuten. Zeit genug für Frau Ziegler, sich in Grund und Boden zu schämen. Sie ist nämlich auch Englischlehrerin.

Bis die letzten der Gruppe vor dem Seniorenheim angekommen sind, ist die Vorstellung auch schon zu Ende. Einige Mitschüler aus der Klasse jubeln. Einige Erwachsenen klatschen höflich, die eigenen Eltern natürlich etwas mehr und auch die beiden schunkelnden alten Damen. Weil niemand nach einer Zugabe verlangt, klatschen sich auch die Jungs ab und räumen ihren Ghettoblaster zurück in den Koffer.

Der herbeigeeilte Heimleiter bedankt sich freundlich: „Coole Aktion! Euer Rap hat Spaß gemacht, kommt doch mal wieder vorbei! Die alten Leute freuen sich hier über jede Abwechslung."

Auch Frau Frostig zwingt sich zu einem Lächeln. Dann gibt sie die Richtung vor: Hinauf zum Bergfriedhof.

Die Kinder finden ihre eigenen guten Taten bisher sehr gelungen und wundern sich, warum sie von ihren beiden Lehrern und der Direktorin gar nicht richtig gelobt werden. Vielleicht kommt das ja erst zum Schluss. Wie bei einer Siegerehrung.

Die Lehrer haben andere Sorgen. Frau Ziegler möchte die ganze Aktion am liebsten sofort abbrechen und fühlt sich von ihrer Klasse in aller Öffentlichkeit blamiert. Herr Burger bemüht sich, einige aufgebrachte Eltern zu beruhigen. Besonders Claras Mutter fühlt sich mit jeder weiteren Station in dem Entschluss bestätigt, ihre Tochter von dieser schrecklichen Schule abzumelden.

Direktorin Frostig wird unterdessen von der Reporterin mit Fragen gelöchert, weil sie wissen will, was sie jetzt auf dem

Friedhof erwartet. Das weiß eigentlich keiner ganz genau, außer der Superhelden-Gruppe, aber die ist bereits vorausgelaufen.
Der Anstieg zum Bergfriedhof zieht sich in die Länge und eigentlich glaubt niemand von den Erwachsenen, dass er ein gutes Ende nimmt.

„Was ist eigentlich mit Abdul los?", fragt Johanna ihre Freundin Fathma, die im Mädchenpulk neben ihr läuft.
„Ich weiß nicht. Er liegt immer in Bett und ist sehr traurig. Aber heute er will kommen! Felix ist gekommen und hat mit meine Eltern geredet. Abdul muss kommen."
„Dann wird es aber langsam Zeit, gleich ist seine Gruppe dran!"
„Weißt du, was sie auf dem Friedhof vorhaben?", fragt Clara ängstlich, weil sie sich schon denken kann, dass ihrer aufgebrachten Mutter bald der Geduldsfaden reißt und sie alles nur noch schlimmer macht, als es ist.
„Nein", antwortet Fathma. „Niemand weiß. Abdul weiß auch nicht. Nur meine Eltern vielleicht. Sie sagen: Abdul muss kommen."
Auch Mia weiß, was die Superhelden geplant haben, aber sie hat Benjamin versprochen, es niemandem zu verraten. Benjamin hat ihr auch versprechen müssen, seinen neuen Freunden nicht zu verraten, was die Mädchen machen. Hoffentlich hat er sich auch daran gehalten.

Nach einer weiteren Viertelstunde Fußmarsch erreicht die 3 b mit ihren Gäste den Haupteingang des Bergfriedhofs. Auf einer Bank davor warten Herr und Frau Abdelhamed und winken ihrer Tochter Fathma entgegen.
Johannas Mutter löst sich aus der Elterngruppe und geht freudig auf sie zu: „Das ist aber schön, dass sie auch noch gekommen sind. Geht es ihrem Neffen Abdul etwas besser?"

132

Herr und Frau Abdelhamed lächeln und deuten mit dem Kopf in Richtung Friedhofseingang: „Er ist schon vorausgegangen".

Die herbeigeeilte Frau Frostig erstarrt. Hilfesuchend dreht sie sich nach allen Seiten um: „Ich dachte, Abdul sei krank. Frau Ziegler, Herr Burger, Sie haben mir gar nicht mitgeteilt, dass der Junge gestorben ist! Wie schrecklich." Dann spricht sie Herrn und Frau Abdelhamed ihr Beileid aus.

Die schauen sie nur mit großen Augen an: „Abdul ist nicht gestorben. Er war krank und ist noch etwas schwach, deshalb sind wir mit dem Bus gefahren. Seine Freunde sind gerade gekommen und haben ihn mit auf den Friedhof genommen", erklärt Herr Abdulhamed.

Frau Frostig ist das alles sehr unangenehm und sie entschuldigt sich vielmals bei Fathmas Eltern.

„Wann geht es denn weiter?", fragt der zappelige Junge und zupft Frau Frostig am Ärmel. „Spielen wir jetzt alle zusammen Verstecken auf dem Friedhof?"

Manche Eltern und die Lehrer befürchten so etwas Ähnliches.

„ACH, DU LIEBER HIMMEL!"

„Wenn Sie mir bitte folgen wollen!", beendet eine tiefe brummige Stimme die Orientierungslosigkeit vor dem Friedhofstor. „Mein Name ist Gruber, ich bin hier der Friedhofswärter. Vier mutige junge Herren haben etwas vorbereitet, das ich Ihnen gerne zeigen möchte. Bitte bleiben Sie als Gruppe zusammen. Die Kinder möglichst bei ihren Eltern oder anderen Erwachsenen."

Herr Gruber hat seine feierlichste Friedhofsdienstuniform angelegt: Über dem weißen Hemd mit Krawatte und einem schwarzen Anzug mit silbernen Knöpfen trägt er einen  weiten schwarzen Mantel, an den Händen strahlend weiße Handschuhe und auf dem Kopf einen Zylinderhut. Bevor jemand etwas sagen oder fragen kann, ermahnt Herr Gruber zur Ruhe. Langsam und würdevoll schreitet der gebeugte alte Mann mit seinem Stock voran durch das weit geöffnete Friedhofstor. Alle sind von seinem plötzlichen Auftritt sehr beeindruckt und folgen ihm gespannt.

„Das haben Sie aber jetzt sehr spannend vorbereitet!", wendet sich die Lokalreporterin an Frau Frostig und ihre erschöpften Lehrkräfte. Selbst Claras Mutter schenkt ihnen einen anerkennenden Blick. Frau Frostig, Frau Ziegler und Herr Burger schauen sich gegenseitig fragend an und bemühen sich um ein Lächeln für die Kamera.

Als die Ersten anfangen zu tuscheln, dreht sich Herr Gruber mit ernster Totengräbermine um und bleckt die Zähne: „Ich darf doch sehr bitten!"

Von nun an wagt es niemand mehr, auch nur zu flüstern. Gut, dass an diesem späten Vormittag die Sonne scheint, denken manche Kinder und Erwachsene – im Dunkeln möchte man diesem Herrn Gruber lieber nicht begegnen. Nach den Aufregungen der letzten Stationen entfaltet die stille Friedhofsstimmung eine beruhigende Wirkung auf Jung und Alt. Manche Mütter und Väter nehmen ihre

Kinder an die Hand. Johanna und Clara haben sich bei Mia, Aische und Fathma an den Armen untergehakt. Ein Mädchen in Glitzerleggings und ein cooler Sonnenbrillen- junge laufen links und rechts an der Hand von Frau Ziegler. Felix' Mama muss ein bisschen weinen, als sie auf das Gräberfeld zulaufen, wo ihr Mann beerdigt ist. Aber sie biegen vorher in einen kleinen Birkenwald ab. Nach ein paar Windungen auf einem gekiesten Nebenweg erreichen sie eine Lichtung. Dort erwartet sie etwas völlig Unglaubliches. Etwas, was es eigentlich gar nicht geben kann. Denn das, was sie dort sehen, ist ganz wunderschön fröhlich und ganz schrecklich traurig zugleich. Mitten aus einem Meer von wild wachsenden blauen Traubenhyazinthen ragt ein aufge- blasenes grau-blaues Schlauchboot hervor. Es lehnt schräg aufgerichtet an zwei Holzpflöcken, sodass man es auch aus einiger Entfernung sehen kann. Vor dem Blumenmeer stehen Abdul, Luca, Benjamin und Felix. Sie halten kleine Eimer voll bunter Tulpen in den Händen. Leon hält ein leuchtend gelbes Pappschild hoch, auf das er mit Luca zusammen in königsblauer Schönschrift geschrieben hat: „Zum Andenken an die Menschen, die auf der Flucht im Meer ertrunken sind."
Alle schweigen und staunen, niemand sagt etwas. Fathma löst sich von ihren Freundinnen und läuft zu ihren überwäl- tigten Eltern. Sie können die Tränen kaum zurückhalten. Nach einer Weile weiß Johanna, was zu tun ist. Sie ist zwar noch nie selbst auf einer Beerdigung gewesen, aber dafür erinnert sie sich an die Gottesdienste an Karfreitag. Mit ihren Freundinnen im Schlepptau quetscht sie sich an allen anderen vorbei und nimmt sich eine kleine rote Tulpe aus Felix' Eimer. Der strahlt sie an. Dann geht sie so nahe wie möglich an das Schlauchboot heran und wirft die Blume mit sanftem Schwung ins Boot. Jetzt erkennt sie erst, dass das Schlauchboot mit vielen kleinen Fahrradflickzeuggummis übersät ist.

Hinter ihr stehen schon Mia, Clara und Aische, jede mit
einer Blume in der Hand, und machen es genauso. Und die
anderen folgen ihnen. Auch alle Schul-
kinder aus der 3b, selbst wenn manche
das Pappschild nicht verstehen. Und
sogar diejenigen unter den Erwachsenen, die eigentlich etwas dagegen
haben, dass so viele Flüchtlinge über
das Meer kommen.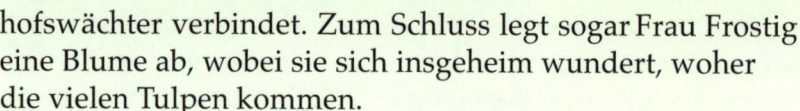
Auch Lucas Vater, der sich natürlich
wundert, warum sein Schlauchboot
geflickt hier oben auf dem Friedhof,
statt heil zu Hause im Keller liegt.
Auch die Mutter von Mia und
Benjamin, die sich wundert, was ihren
Sohn mit dem unheimlichen alten Fried-
hofswächter verbindet. Zum Schluss legt sogar Frau Frostig
eine Blume ab, wobei sie sich insgeheim wundert, woher
die vielen Tulpen kommen.
Abdul steht am Rand und kann das alles noch gar nicht
fassen. Er ist sehr traurig, aber auch überglücklich, und
zwar beides zugleich. Lachend und weinend fällt er seinen
Freunden um den Hals und umarmt auch Herrn Gruber so
fest, dass der trotz seines Stocks beinahe umfällt.
Dann machen sie sich auf den Rückweg zum Friedhofstor.
Nur Herr Gruber bleibt zurück. Er sammelt bedächtig die
Eimer ein und schenkt seinem Superhelden-A-Team zum
Abschied sein schönstes Vampirlächeln.

Auf dem weiten Weg zur letzten Station gibt es jede Menge
zu erklären, zu loben und natürlich auch einiges zu beichten
und zu verzeihen. Das fällt alles nicht so schwer, weil die
Herzen nach der guten Tat auf dem Friedhof noch ganz tief
berührt und offen füreinander sind. Zumindest für eine
kurze Zeit.

In der Ferne hört man eine Polizeisirene. Johannas Mutter ist ein klein wenig beunruhigt. Sie versucht schon seit ein paar Minuten, ihren Mann zu Hause zu erreichen, um anzukündigen, dass sie jetzt bald eintreffen, aber er geht nicht ans Telefon. Und Jonas' Telefon ist immer noch verschwunden.

„Mach dir keine Sorgen, die haben wahrscheinlich schon ganz viel zu tun!", verplappert sich Johanna fast.

„Warum denn?" wundert sich Johannas Mutter. „Die anderen Eltern haben doch heute Morgen die ganzen leckeren Dinge vorbeigebracht. Gestern Abend haben Dietmar und Jonas Tische und Bänke aufgestellt und Geschirr aus dem Gemeindehaus herbeigeschafft – viel zu viel, wenn du mich fragst. Sie müssen doch nur drei Getränkekisten aus dem Keller holen, die Gulaschsuppe abschmecken und den Grill anheizen. Ich weiß auch gar nicht, warum die beiden sich seit Tagen so anstellen. Da kommt doch nur deine Klasse und ein paar Erwachsene."

„Stimmt. Das werden sie schon schaffen. Ich geh mal vor zu Felix", rettet sich Johanna und hat ein klitzekleines schlechtes Gewissen, dass ihre Mutter nur die halbe Wahrheit kennt.

Dann rennt sie los und holt Felix ein, der gerade alleine geht, weil seine Freunde noch mit anderen wichtigen Gesprächen beschäftigt sind.

„Hallo Felix", spricht sie ihn an.

„Hallo Johanna", antwortet Felix überrascht. Eine Weile laufen sie schweigend nebeneinander her. „Ich wollte dir nur sagen, dass ich eure gute Tat auf dem Friedhof ganz toll fand. Und ich finde auch toll, dass du bei Abduls Onkel warst und ihm alles erzählt hast."

„Woher weißt du das denn?", fragt Felix erstaunt.

„Das hat uns Fathma vorhin erzählt", gibt Johanna zu.

„Ach so, klar! – Ich will dir auch noch was sagen, Johanna",
druckst Felix rum.
„Was denn?"
„Es tut mir leid, dass ich dich in der Schule so geärgert
habe. Eigentlich habe ich dich nämlich ziemlich gern."
Felix staunt über seinen eigenen Mut.
Johanna wird ein bisschen rot. Sie schaut sich kurz um und
flüstert ihm schnell etwas ins Ohr. Dann rennt sie hüpfend
zu ihren Freundinnen.
Felix hat gar nicht verstanden, was sie ihm gesagt hat. Aber
das macht nichts. Er hat ein gutes Gefühl.
In dem Moment fliegt hoch oben eine Taube über ihn
hinweg und macht ihm auf den Kopf.
„Igitt!", quietscht ein Mädchen hinter ihm.
Felix wischt den Dreck schnell mit einem Papiertaschentuch
weg, schaut in den Himmel und sagt leise: „Danke, lieber
Gott!"

***

Die Gute-Taten-Wandergruppe ist bald am Ziel. Alle freuen
sich auf Sprudel, Apfelsaft und das Buffet im großen Garten
des ehemaligen Pfarrhauses neben der Kirche. Gerade
laufen sie auf die Reihenhaussiedlung beim
Stadtpark zu, wo Leon und Luca wohnen. In
der Ferne hört man eine Polizeisirene.
„Da bist du ja, Johanna. Hoffentlich klappt
bei uns auch alles so gut wie bei den Jungs
auf dem Friedhof", bangt Mia, die neben Clara
und Aische geht. Vielleicht war es doch ein Fehler, ihrem
Bruder Benjamin den Plan der Mädchen zu verraten, denkt
sie. Immer wenn sie Leon und Luca anschaut, grinsen die
beiden so verdächtig. Aber gerade grinsen die beiden nicht.
Im Gegenteil. Luca hat sich von seinem Vater losgerissen
und ist mit Leon ganz schnell zu Herrn Burger und Frau

Ziegler vorausgerannt. Die beiden bilden mit ein paar Mitschülerinnen die Spitze des Zuges.

„Bitte, Frau Ziegler, bitte, Herr Burger, können wir nicht kurz umdrehen und die Hauptstraße entlang zur Kirche laufen? Das ist viel, viel kürzer."

Herr Burger und Frau Ziegler würden lieber durch das ruhige Wohngebiet gehen. Weil aber auch den anderen Kindern einfällt, dass sie schon ganz müde und durstig und hungrig sind, geben sie nach und stimmen dem kürzeren Weg zu. Alle machen kehrt und nehmen die kürzere Strecke über die Hauptstraße.

Leon und Luca fällt ein Stein vom Herzen. Ihr ruhiges Wohngebiet, an dem sie gerade noch vorbeigeschrammt sind, ist nämlich in heller Aufregung. Überall in den Vorgärten stehen entrüstete Nachbarn und beweinen ihre geplünderten Tulpenbeete.

„Jetzt klauen die uns schon unsere Blumen aus den Gärten", klagt eine rüstige Rentnerin.

„Es wird immer schlimmer mit den vielen Bettlern und Räuberbanden in der Stadt. Einsperren sollte man die. Alle einsperren!", schimpft eine Frau durch das geöffnete Fenster.

Es ist Leons Mutter, die gerade von der Frühschicht nach Hause gekommen ist und sich für das Klassenfest ihres Sohnes noch schnell frisch macht und umzieht.

Ein besonders wütender Vorgartenbesitzer hat sogar die Polizei alarmiert. Die Beamten sind auch kurz da gewesen, dann mussten sie plötzlich dringend weiter.

Auf der Hauptstraße ist es heute viel unruhiger als sonst. Während sie an der Fußgängerampel warten, nähert sich schon wieder eine Polizeisirene.

Leon und Luca rutscht das Herz in die Hose.

Die Fußgängerampel schaltet auf Grün. Aber Herr Burger und Frau Ziegler reagieren sofort und breiten blitzschnell die Arme aus, um die Kinder von der Straße fernzuhalten.

Der Streifenwagen bremst nämlich kaum ab, sondern rast mit ohrenbetäubendem Sirenenlärm und Blaulicht an ihnen vorbei und biegt mit quietschenden Reifen an der nächsten Kreuzung rechts ab – in Richtung Kirche.

„Was ist denn da los?", wundert sich Johannas Mutter und macht sich jetzt doch ein wenig Sorgen, weil sie ihren Mann immer noch nicht erreichen konnte.

Auch die Mädchengruppe hat ein ungutes Gefühl und fängt an, loszurennen. Die anderen folgen im Laufschritt. In kürzester Zeit erreichen sie abgehetzt das ehemalige Pfarrhaus neben der Kirche, wo Johanna mit ihrer Familie wohnt. Vor dem Haus stehen zwei Streifenwagen mit Blaulicht.

Der große Garten um Johannas Haus ist voller Menschen. Johanna kommt es so vor, als habe sie einige von ihnen schon öfter gesehen – auf dem Bahnhofsvorplatz oder als Bettler in der Fußgängerzone. Manche kennt sie auch von dem runtergekommenen Spielplatz, wo sie sich nicht mehr hintraut, weil dort immer Jugendliche sitzen, die herumgrölen und dabei ihre Zigaretten und ihre Flaschen kreisen lassen. Viele haben ihre Hunde und leere Einkaufswagen mitgebracht. Auf Tischen und Bänken und in jedem Winkel des Gartens sitzen die Armen und Ausgestoßenen der Stadt und freuen sich am guten Essen. Ein junger Mann mit blauem Irokesenschnitt reicht gerade die Schokomuffins von Claras Mutter weiter. Ein anderer geht von Tisch zu Tisch und erbettelt sich zuckersüße arabische Blätterteigtaschen. Mitgebrachte Hunde lecken Kuchenkrümel vom Rasen auf.

Religionslehrer Burger geht bei dem Anblick das Herz auf. Johanna und ihre Freundinnen stürzen sich mitten hinein und könnten eigentlich auch zufrieden sein.

Aber am Rande des fröhlichen Trubels zeigt sich leider auch ein völlig anderes Bild. Auf der erhöhten Holzterrasse an der Westseite des alten Pfarrhauses verteidigen Johannas

Vater Dietmar mit seinem großen Sohn Jonas verzweifelt den Ansturm auf ihre Wohnung. Um sie herum versuchen vier Polizisten zusammen mit anderen friedliebenden Gästen eine immer größer werdende Gruppe grölender, wütender Männer davon abzuhalten, alles kurz und klein zu schlagen und über die Terrasse ins Haus einzudringen. „Freibier, Freibier, Freibier!", brüllen die Randalierer. Auf den Terrassenstufen hält einer von ihnen ein wunderschön bunt bemaltes Plakat in die Höhe, das er von der Pinnwand aus dem Männerwohnheim abgehängt und zum Beweis gleich mitgebracht hat.

Darauf steht: „An alle Hungrigen und Durstigen! Am Freitag laden wir euch alle zum Mittagessen zu uns ins Pfarrhaus bei der Kirche ein. Die Mädchengruppe der 3 b der Mittelstadt-Schule."

Aber irgendjemand hat einen leuchtendgelben Pappstreifen quer darüber geklebt. Auf dem steht in königsblauer Schrift: „Freibier für alle!".

Und das fordern sie jetzt: „Freibier, Freibier, rück das Freibier raus!"

Johannas Mutter eilt ihrem Mann und ihrem Sohn zu Hilfe. Lucas Vater unterstützt die friedlichen Gäste und die Polizei gegen die Randalierer. Dennoch breitet sich der Tumult immer weiter auf das fröhliche Gartenfest aus.

„Du kommst jetzt sofort mit mir nach Hause!", brüllt Claras Mutter ihre weinende Tochter an und zerrt sie energisch von einem großen struppigen Straßenköter und seinem Frauchen fort, denen Clara gerade einen Teller Gulaschsuppe gebracht hat.

Auch andere besorgte Eltern und Verwandte bringen ihre Kinder in Sicherheit.

Der zappelnde Junge hat sich noch einmal von seiner flüchtenden Oma losgerissen. Beharrlich fordert er von einem vollständig tätowierten kahlköpfigen Riesen, der sich gerade ins Kampfgetümmel werfen möchte, die Rückgabe seiner blauen Tupperschüssel.

„Ach, du lieber Himmel", kreischt Frau Ziegler. Dann fällt sie vor lauter Aufregung in Ohnmacht und braucht einen Notarzt. Die Lokalreporterin fotografiert ohne Unterlass und freut sich über die aufregenden Bilder. Es war doch eine gute Entscheidung, selbst hierhin zu kommen und die Berichterstattung über die Eröffnung des neuen Einkaufszentrums einem Kollegen zu überlassen.

Frau Frostig macht sich nun ernsthaft Sorgen um den Ruf ihrer Schule und bittet die Journalistin um Gnade bei der Berichterstattung.

Als schließlich der Krankenwagen für Frau Ziegler und noch ein weiterer Streifenwagen der Polizei mit Blaulicht zur Verstärkung anrücken, geben auch die Zuversichtlichsten die Hoffnung auf, hier noch einen netten Nachmittag verbringen zu können. Es dauert noch eine halbe Stunde, bis die Polizei die Randalierer vertrieben oder gleich mitgenommen hat.

Einige wenige Gäste sind geblieben, aber Dietmar und Jonas reicht es. „Jetzt wird nur noch aufgeräumt oder irgendwo anders weiter gefeiert", verkündet Dietmar völlig erschöpft.

Auch für seine Frau ist das heute zu viel des Guten. Sie hat sich in ihr Arbeitszimmer zurückgezogen und ist zudem stinksauer auf ihre Familie.

Im hinteren Teil des Gartens streiten sich Mia und Benjamin wie noch nie in ihrem Zwillingsleben. Alle anderen packen mit an. Lucas Vater verdonnert Leon und Luca dazu, zusammen mit drei älteren Herren aus dem Männerwohnheim alle schweren Tische und Bänke aufzuräumen.

Nebenbei überlegen Herr Burger, Dietmar und Felix' Mutter, wie sie den ganzen Wirbel der letzten Tage doch noch zu einem versöhnlichen Abschluss bringen können.

ICH SEHE WAS, WAS DU NICHT SIEHST ...

„Ich sehe was, was du nicht siehst, und das ist … blau und grün und glitzert und es hüpft!", ruft Johanna Felix zu. Felix stößt sich mit beiden Beinen kräftig vom Boden ab, sodass seine Seite der Wippe nach oben schwingt und er sich einen besseren Überblick verschaffen kann, bevor er antwortet. Um sie herum ist eigentlich ziemlich viel blau und grün und glitzert: Im tiefblauen Himmel erahnt man schon die Sterne. Die letzten Strahlen der untergehenden Sonne spiegeln sich glitzernd im trüben Wasser des Strandbads. Zwischen den Bäumen des Stadtparks hindurch blinzeln die Lichter der Häuser und Straßenlaternen. Aber was er auch nennt, nichts stimmt.

„Alles falsch! Viel kleiner! Und es hüpft!", grinst Johanna von unten und lässt Felix oben auf der klapprigen Wippe verhungern. Felix schaut sich nach allen Seiten um. Überall auf der Zeltwiese sitzen oder stehen Kinder und Erwachsene in kleinen Grüppchen zusammen. Einige Eltern sind immer noch damit beschäftigt, unter Dietmars Anleitung zwei große Mannschaftszelte aus dem Bestand der Kirchengemeinde aufzubauen, die sonst für Jugendfreizeiten genutzt werden. Aber irgendwie scheinen sie mit den Alustangen durcheinanderzukommen.

Bei der Grillstelle lodert ein schönes Lagerfeuer. Manche Kinder haben sich Stöcke geschnitzt und Felix' Mutter verteilt gerade die ersten Grillwürste und Marshmallows

zum Brutzeln über der heißen Glut. Andere spielen im Halbdunkel Verstecken.

Es gibt also viel zu sehen von hier oben auf der Wippe, aber Felix sieht beim besten Willen nichts kleines Blaues, Grünes, Glitzerndes, was hüpft. Vielleicht hat Johanna ja vorhin einen Frosch gesehen, der ins Wasser gesprungen ist?

„Auch falsch!", lacht Johanna ihn aus und zeigt mit dem Arm dahin, wo die Musik spielt.

Dort haben sich Fathma, Aische, Clara und Mia zu ein paar anderen Mädchen aus der Klasse gesellt und lassen sich von zwei Jungen mit Sonnenbrille coole Wackelbewegungen zeigen. Wenigstens steht der riesige Ghettoblaster stumm in der Ecke. Irgendjemand hat ihm die Batterien rausgenommen. Stattdessen sitzt Frau Ziegler auf einer Kiste, die gleichzeitig eine Trommel ist und schlägt mit den Händen einen fetzigen Rhythmus, während Herr Burger versucht, sich an ein paar Gitarrengriffe aus seiner Pfadfinderzeit zu erinnern. Mittendrin hüpft Fathma im Takt mit ihrem wunderhübsch geschwungenen blau-grünen Kopftuch, in das ihre Mutter ein paar glänzende Silberstreifen eingenäht hat.

„Jetzt bin ich dran!", behauptet Felix, der schon zum dritten Mal nicht ohne Hilfe herausgefunden hat, was Johanna sieht und er nicht. Dabei sehen doch eigentlich alle dasselbe. Trotzdem achtet jeder auf etwas anderes.

„Stimmt gar nicht, du hast meins ja wieder nicht erraten. Ich bin noch mal dran", widerspricht ihm Johanna. „Und ich sehe da hinten was, was du nicht siehst, und das sieht verliebt aus …"
Felix hat jetzt endgültig keine Lust mehr. „Lass uns was anderes spielen und lass mich endlich hier runter", bettelt er und überlegt schon, wie er von selbst irgendwie von der Wippe absteigen könnte. „Na gut. Fang mich!", antwortet Johanna. Dann springt sie mit einem Satz von der Wippe und rennt wie ein Wiesel quer über die Zeltwiese in Richtung Strandbad. Felix kann sich gerade noch abfedern, bevor er auf den Boden knallt, und sprintet ihr hinterher. Erst kurz vor dem stillgelegten Bademeisterhäuschen holt er Johanna ein.
„Psst, duck dich!", flüstert sie ihm zu.
Wie zwei Indianer schleichen sie hintereinander um die vernagelte Holzhütte herum, bis Johanna plötzlich anhält, ihn kurz am Arm zupft und auf den See zeigt. Etwas abseits, auf dem alten Badesteg sitzen zwei Jugendliche eng umschlungen und küssen sich. Felix erkennt seine Schwester sofort. Und den Jungen hat er erst gestern wieder gesehen: Es ist Johannas Bruder Jonas.
„Sobald sie mal keine Smartphones mehr haben, machen sie also sowas. Igitt, ist das eklig", entrüstet sich Felix und will ganz schnell weg.

„Stimmt, voll eklig", sagt Johanna schnell, glaubt sich das aber wieder einmal selbst nicht. Insgeheim würde sie jetzt gerne mit Felix weiter hier rumschleichen und die beiden belauschen.

Aber Felix ist das alles zu unheimlich und auch ein bisschen peinlich – außerdem hat er Hunger. „Komm, wir sagen es unseren Eltern!", schlägt er Johanna vor und macht schon mal kehrt.

Rund um die Grillstelle haben ihre Mütter die Festzelttische gedeckt und plaudern und scherzen mit den Eltern von Aische und Fathma. Bis sie bei ihnen ankommen, hat Johanna Felix davon überzeugt, die beiden frisch Verliebten auf dem Bootssteg in Ruhe verliebt sein zu lassen. Außerdem scheint es dort etwas noch Interessanteres zu geben: Immer mehr neugierige Erwachsene und auch einige Kinder kommen zu den Tischen beim Lagerfeuer herbei. Fraukes Tablet mit der Online-Ausgabe der Lokalzeitung macht gerade die Runde. Offenbar ist vor kurzem ein längerer Artikel mit mehreren Bildern hochgeladen worden. Er wird bestimmt am Montagmorgen in der Lokalzeitung erscheinen. Die Reporterin lobt den Gute-Taten-Aktionstag der 3 b in den höchsten Tönen und preist das pädagogische Konzept der Schuldirektorin Frau Frostig als Leuchtturmprojekt in der Schullandschaft. Ein voller Erfolg.

Noch hat niemand gemerkt, dass nur ein paar Klicks entfernt, nämlich im Polizeibericht, von organisiertem

Blumendiebstahl und einer Massenprügelei auf einer Wohltätigkeitsveranstaltung berichtet wird. Wie das alles miteinander zusammenhängt, wissen nur die Eingeweihten.

Einige dieser Eingeweihten sitzen im Gras und haben sich ein Campinggaslicht ergattert: Leon und Luca haben den Superheldenkollegen Benjamin und Abdul die Spielregeln für Magische Monsterkarten erklärt. Seitdem ist nichts anderes mehr mit ihnen anzufangen. Sie spielen nun schon seit Stunden und sind dabei ganz hektisch, als würde man ihnen die Karten gleich wieder wegnehmen. Das könnte auch durchaus wieder passieren – und noch viel Schlimmeres, sobald nämlich die rüstigen Vorgartennachbarn am

Montagmorgen beim Frühstück in der Lokalzeitung blättern und wohlmöglich auf einem bunten Friedhofsbild ihre Frühlingsblumen wiedererkennen.

Aber heute Abend wird gefeiert. Die frohe Botschaft vom Online-Artikel mit Bildern über die guten Taten der 3b verbreitet sich wie ein Lauffeuer auf der Zeltwiese.
Frau Ziegler trommelt die übrigen über das weitläufige Gelände verstreuten Kinder und Erwachsenen zusammen. Auch die Magische Monsterkartenspieler, die verzweifelte Zeltaufbaumannschaft, die Versteckspieler und sogar die Verliebten strömen herbei. Als alle auf den Bänken Platz genommen haben, steht Herr Burger auf und liest feierlich den ganzen Artikel noch mal laut vor. Dann zeigt er das Tablet herum, damit alle die Fotos sehen können.
Da meldet sich der zappelige Junge: „Können Sie bitte jetzt gleich Frau Frostig den Artikel schicken. Vielleicht erlaubt sie dann doch noch, dass wir auf Klassenfahrt gehen."
Leon und Luca haben da ihre Zweifel. Allen anderen ist es gar nicht mehr so wichtig. Clara ist von ihrem Platz aufgesprungen. Mit ihrem neuen Smartphone schießt sie schnell ein wackliges Foto von der großen Tischgemeinschaft und schickt es zu Papi ins Büro und über das große Meer nach Amerika. Neben ihr sitzen Abdul und Fathma und würden am liebsten für immer hier bleiben.
Im klaren Sternenhimmel entdeckt Felix eine Sternschnuppe und zwinkert zurück.

Hinweis zur Liedstrophe auf Seite 52:

Das Lied, das Johanna und Clara und die Kommunionkinder singen, stammt von zwei Künstlern. Jürgen Werth
hat den Text gedichtet und Johannes Nitsch hat die Melodie
dazu komponiert. Das Lied „Wie ein Fest nach langer
Trauer" haben die beiden für ein spannendes Musical
geschrieben. Es erzählt von Josef aus dem Alten Testament
der Bibel, es heißt: „Josef – eine Traumkarriere".
Das Lied findest du auch im katholischen Gesangbuch: im
„Gotteslob" des Bistums Limburg Nr. 856 und im
„Gotteslob" des Bistums Mainz Nr. 796.

PATMOS
ESCHBACH
GRÜNEWALD
THORBECKE
SCHWABEN
VER SACRUM

Die Verlagsgruppe
mit Sinn für das Leben

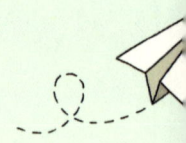

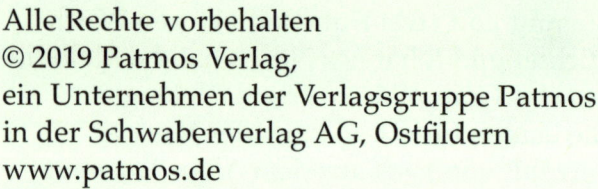

Für die Verlagsgruppe Patmos ist Nachhaltigkeit ein
wichtiger Maßstab ihres Handelns. Wir achten daher auf
den Einsatz umweltschonender Ressourcen und
Materialien.

Umschlaggestaltung: Finken & Bumiller, Stuttgart
Umschlag- und Innenillustration: Mascha Greune, München
www.mascha-greune.de
Gestaltung, Satz und Repro: Schwabenverlag AG, Ostfildern
Druck: CPI books GmbH, Leck
Hergestellt in Deutschland
ISBN 978-3-8436-1104-6 Print